BAT
ZOMBIE HILL

UNA INCREÍBLE AVENTURA PARA
MINECRAFTERS

LA BATALLA DE ZOMBIE HILL

LOS DEFENSORES DEL OVERWORLD
1

NANCY OSA

DESTINO

Obra editada en colaboración con Espasa Libros, S.L. – España

Título original: *The Battle of Zombie Hill*

© 2015, de la edición original: Hollan Publishing

Este libro no está autorizado ni promocionado por Mojan AB, Notch Development AB o Scholastic Inc, ni por ninguna otra persona o entidad propietaria de los derechos del nombre, de la marca o del copyright Minecraft..

© 2015, Espasa Libros, S.L. Sociedad unipersonal. – Barcelona, España

Derechos reservados

© 2016, Editorial Planeta Mexicana, S.A. de C.V.
Bajo el sello editorial DESTINO M.R.
Avenida Presidente Masarik núm. 111, Piso 2
Colonia Polanco V Sección
Deleg. Miguel Hidalgo
C.P. 11560, Ciudad de México
www.planetadelibros.com.mx

Primera edición impresa en España: septiembre de 2015
ISBN: 978-84-670-561-1

Primera edición impresa en México: agosto de 2016
ISBN: 978-607-07-3564-6

No se permite la reproducción total o parcial de este libro ni su incorporación a un sistema informático, ni su transmisión en cualquier forma o por cualquier medio, sea éste electrónico, mecánico, por fotocopia, por grabación u otros métodos, sin el permiso previo y por escrito de los titulares del *copyright*.
La infracción de los derechos mencionados puede ser constitutiva de delito contra la propiedad intelectual (Arts. 229 y siguientes de la Ley Federal de Derechos de Autor y Arts. 424 y siguientes del Código Penal).

Impreso en los talleres de Impresora y Editora Infagón, S.A de C.V.
Escobillería número 3, colonia Paseos de Churubusco, Ciudad de México
Impreso en México – *Printed in Mexico.*

Para mis amigos redstones *y mineros*
de la Academia de Aprendizaje Reynolds:
Nick, Sean y Colton.
Y para Ken, Marc y Charles

El comandante observó a sus últimos soldados galopando hacia el portal del Inframundo que ellos mismos habían ocultado. Los fatigados guerreros habían pasado por muchas calamidades desde sus días como gamers en solitario. ¿Cómo habían llegado a esta situación? Un viaje al Inframundo era ahora más seguro que un paseo en mitad de la noche.

Aquella había sido la misión nocturna más peligrosa en la vida de Rob. Lo que empezó pareciendo un plan sencillo (¡se trataba de una simple misión nocturna, por el amor de Dios!) se había convertido en una masacre. Zombis con armaduras de diamante, esqueletos encantados y griefers inmortales habían acorralado a su batallón y habían acabado con las vidas de su artillera y de los aldeanos. Había decidido huir colina arriba y ahora no había forma de descender de nuevo. Un solo paso en falso habría supuesto su fin.

Rob se había visto forzado a elegir un mal menor para evitar que continuara la matanza. Se dio cuenta de que huir del mundo real era la única forma de poder salvarlo algún día. Por mucho que Rob amara su hogar, aquel lugar merecía que lo liberaran de la tiranía de los griefers y que la gente fuera libre de ir a donde quisiera. Así se lo había enseñado Stormie.

Rob condujo a Saber hacia el portal del Inframundo y echó un último vistazo hacia ese cielo de color morado oscuro lleno de estrellas titilantes. Tal vez él no perteneciera a ese mundo, pero ahí estaba y pensaba defenderlo... aunque fuera lo último que hiciese.

CAPÍTULO 1

Apenas unos segundos atrás, Rob estaba ojeando tranquilamente una de las revistas del avión, contento de volver a su casa, y ahora se encontraba en el aire, cayendo en picada. Algo espantoso había ocurrido durante el vuelo. Estaba totalmente desubicado. ¿Dónde estaban los demás pasajeros?

Aunque nunca antes había caído desde diez mil metros de altura, estaba claro que eso era precisamente lo que estaba ocurriendo.

«Creo que debería estar más asustado», pensó mientras se desplomaba sobre el moteado manto de nubes. La superficie que tenía debajo se dibujaba como un mapa: un océano azul bordeado por tierra blanca, una mancha de árboles verdes y, a lo lejos, algunos claros invadidos por formaciones rocosas. Su cara quedó empapada al atravesar una tormenta y al momento se secó mientras cruzaba la atmósfera, dirigiéndose a toda velocidad al inevitable paisaje que veía abajo. Iba a caer sobre el mar.

De pronto, un tenue temor fue calando en él. La gravedad lo atraía a una velocidad que jamás había experimentado hasta entonces. Sus gritos desesperados se deshacían en el aire, quizá porque no había nadie que los escuchara. La gran superficie azul estaba ya muy cerca. Rob sintió, más que escuchó, cómo se originaba el gran choque. Se hundió más, más y más. Su cerebro produjo un último e inútil pensamiento: «Este viaje no ha sido tan divertido como esperaba».

El terror abrumador, el impacto y la falta de oxígeno hicieron que Rob se desmayara, pero no debió de ser por mucho tiempo. Cuando por fin volvió en sí, estaba bajo el agua, sorprendido de seguir vivo. La impresión activó sus brazos y piernas, y empezó a moverlos de forma frenética para volver a la superficie. Algo le rozó las costillas y sintió cómo pasaba un cuerpo largo y gelatinoso. «¿Qué demonios ha sido eso?», se preguntó, y entonces respondió a la pregunta con un vago recuerdo de su clase de ciencias: ¡un calamar!

Lo siguiente que supo es que logró asomar la cabeza a la superficie del agua y empezó a toser y a tomar aire. Sin embargo, no pudo pararse a respirar. En cuanto dejó de patalear, empezó a hundirse. Siguió nadando de forma instintiva mientras tomaba bocanadas de aire hasta que su corazón dejó de latir como si fuera a estallar. Con los ojos llenos de agua, miró en todas direcciones sin ver más que grandes bloques de líquido. Pensó que tenía dos opciones: aterrorizarse o no hacerlo.

Recordó el peor momento al que se había enfrentado, cuando había montado un caballo salvaje a través de un nido de serpientes de cascabel, y decidió hacer lo mismo que hizo entonces.

—Solo tienes que mantenerte vivo —se dijo—. Concéntrate en eso.

Rob se dio la vuelta y observó la posición del sol en el cielo, decidido a nadar en dirección opuesta hasta que encontrara ayuda. Había perdido su sombrero de vaquero, pero aún llevaba sus zahones, la camisa y el chaleco, que se le pegaba al cuerpo. «Qué raro, el agua parece caliente. No, mejor dicho... no está fría.» Al menos no tendría que sumar la hipotermia a sus preocupaciones. Siguió avanzando a través de las tibias olas, alejándose del sol, que ya había pasado del punto más alto en el cielo.

Fue nadando sin perder el tiempo. De vez en cuando, se quedaba flotando unos diez segundos para descansar de espaldas, y luego volvía a su lento pero constante avance. «Pero ¿avance hacia dónde? ¿Habría algún sitio?»

Se preguntó si allí habría tiburones, rayas o cualquier otro animal peligroso en esa versión del mundo. ¿Habría acaso tierra firme, un bote o alguna otra forma de rescate?

Como bien le recordarían los sucesos recientes, solo descubriría lo que le esperaba encontrándose con ello.

Brazada a brazada, Rob cruzó los bloques de agua mientras le venían recuerdos de su casa en el rancho. El agua se iba enfriando gradualmente mientras el día daba paso al atardecer, y se preguntó si tendría que pasar la noche en el mar, helado, hambriento y agotado. ¿Podría sobrevivir a ello?

—No hay nada que no pueda hacer —murmuró. Decidió mantenerse optimista sin importar lo cruel que pareciera el porvenir.

Se tumbó flotando de espaldas para descansar otros diez segundos y asegurarse de que seguía nadando en la dirección correcta. Se sentía muy bien flotando. «Quizá no pase nada por estar así un par de segundos más», pensó, admirando la profunda paleta del cielo, que se había vuelto de color bronce con matices rosados y morados. El descanso extra hizo que le costara más girarse y seguir nadando, aunque se obligó a hacerlo de todos modos.

A lo lejos apareció una franja blanca que cortaba el mar. ¿Estaría alucinando? Aunando las fuerzas que le quedaban, Rob se detuvo con la siguiente brazada y lanzó un grito ahogado. ¡Era tierra!

Sentimientos de alivio, emoción y desesperación se apoderaron de él, impulsando sus extremidades de forma más rápida, incluso, en un intento de llegar al final del arcoíris. Pero las horas de nado empezaban a notarse. Apenas podía sentir los dedos. «Tengo mucha hambre», pensó. Por suerte, no sabía lo baja que estaba su barra de hambre. Se esforzó más todavía, aunque sus cortas brazadas apenas lo movían en el oleaje. Al fin vio la costa. ¡La playa era de verdad! Pasaría la noche a salvo.

Ya en la orilla, Rob avanzó medio a pie, medio a rastras, hacia el interior. Se acabó el sufrimiento, iba a vivir.

Se tumbó en la arena tomando bocanadas de aire como un pez, pensando que jamás había visto un atardecer tan hermoso.

El aire frío secó las últimas gotas de agua de mar que quedaban en su peinado moreno, pero le dejó la ropa empapada. Rob se levantó lentamente de la playa y dio una vuelta. Las dunas entraban bastante hacia el interior, pero a lo lejos pudo ver unos cuadrados que sobresalían hacia arriba: árboles, un bosque o jungla de algún tipo. «Allí habrá comida y agua.» Sin embargo, sabía que no le quedaban energías para cubrir más distancia aquel día. La luz del sol estaba cayendo y todo lo que quería ahora era dejar de moverse y sumirse en un profundo, profundo sueño.

Aun así, la idea de dormirse al aire libre lo puso nervioso. Cualquier vaquero que se precie sabe cubrirse las espaldas de noche, sobre todo al lado de una buena hoguera calientita. Observó la playa vacía. No había un mísero leño que quemar ni tan siquiera algunas algas secas a la vista, y el terreno abierto no ofrecía ningún refugio natural. Estaba solo. Sonrió. La soledad tenía sus pros y sus contras: al menos no había nadie que lo molestara.

En cualquier caso, consideró que sería buena idea no dormir en el suelo, si fuera posible. El único recurso que tenía cerca era la arena, un montón de ella. Decidió amontonarla para formar una plataforma. Eso lo mantendría alejado del suelo y también protegido... de lo que hubiera que protegerse.

Pero mientras empezaba a manejar la arena, descubrió que no estaba suelta, como en el barranco cerca de casa. No podía apilarla como quería. Aunque, en realidad, parecía que ya estaba compacta en bloques. ¿Y si probaba a amontonarla para hacer una columna?

Sus días en el rancho haciendo trucos con el lazo lo habían convertido en un buen saltador. Con sus últimas fuerzas, dio un brinco, agarró un bloque de arena y lo colocó bien arriba. Para quedarse tranquilo, colocó un segundo bloque de arena bajo sus pies justo cuando el sol se hundía en el horizonte.

—Ahora ya puedo dormir —dijo, y así lo hizo.

Pero no pasó mucho tiempo hasta que un ruido extraño lo despertó.

—Uuuuh... oooh...

Aquel gemido grave no se parecía a nada que Rob hubiera oído en el rancho: ni el sonido de una vaca alterada ni el gimoteo de *Jip*, su perro favorito.

—Uuuuh... oooh...

El fantasmagórico gruñido parecía llenar el aire. Rob notaba los párpados como si fueran de concreto y los tenía pegados por la sal y la arena, pero los terminó abriendo como bien pudo. Según recuperaba la visión, atisbó una figura que se aproximaba en la oscuridad. El gruñido se volvía más alto mientras la criatura se acercaba a él, arrastrando los pies de una forma que le hizo un nudo en la garganta. Se sentó recto en su columna de arena. El intruso lo observó y aceleró su paso.

«Todavía está lejos —calculó—. Quizá pueda hacer esta torre un poco más alta antes de que llegue aquí.» Su cuerpo le pesaba por el sueño y estaba débil por el hambre y la sed, pero logró saltar de nuevo y añadir otro bloque de arena bajo los pies. Aun así, la siniestra criatura se seguía acercando.

Con la luz de la luna reflejada en la superficie del mar, Rob alcanzó a discernir una figura verde que parecía humana, pero que no actuaba como tal... y que se movía, pero no parecía viva. Olió el aire y le llegó un hedor similar al del interior de su descuidado refrigerador en casa. Con menos neuronas de lo normal funcionando en su cerebro, le llevó un tiempo reconocer los ojos hundidos, la carne putrefacta y los andares pesados de un muerto viviente. Al momento le vinieron a la cabeza todas las escenas de zombis que había visto en su vida.

—¡Un zombi! —La idea le hizo sentirse como en un experimento científico, y lo peor es que no tenía adónde huir.

Estaba muy claro que el agitado monstruo iba tras él: le arrancaría los brazos, lo mataría o (peor aún) lo convertiría en uno de los suyos. Rob no sabía si aquel engendro podía alcanzarlo a tres bloques de altura... y lo cierto es que no quería descubrirlo. Solo, asustado y desarmado, parecía evidente que estaría a su merced si decidía atacarlo. No es algo que un buen vaquero haría, pero decidió apretar los ojos y esperar a su final.

El sonido de los gemidos del zombi y su avance pesado habían ocultado los movimientos de otro visitante. Cuando por fin abrió un ojo, Rob descubrió con espanto que había un segundo enemigo bípedo al pie de su columna. Su moteada piel verdusca seguía intacta, pero los ojos y la boca eran enormes y oscuros. Jamás había visto nada así en las películas.

—¡Vamos, largo de aquí! —gritó, como si estuviera de vuelta en el rancho e intentara ahuyentar a un coyote.

Su reprimenda no tuvo efecto. Por un breve instante, deseó que los dos intrusos se atacaran entre ellos. Pero para su horror, el que se había acercado sin ser visto empezó a sacudirse y a sisear bien alto. El zombi ignoró al creeper, intentando en vano llegar hasta Rob, que seguía agazapado en su pequeña isla de arena justo por encima de la cabeza del monstruo. El creeper empezó a emitir destellos de luz en la oscuridad y Rob lo vio hincharse hasta duplicar su tamaño.

Tragó saliva. «Se acabó», pensó, preparado para morir.

Entonces, la criatura estalló con un sonoro pum.

Rob estaba lo bastante alto como para escapar de la

explosión, pero su alivio por no haber volado en pedazos duró exactamente un nanosegundo. De nuevo, se encontró cayendo sin poder hacer nada... ¡justo sobre el grotesco zombi!

El creeper había desaparecido junto con el lecho improvisado de Rob. La arena voló en todas direcciones mientras la columna se desmoronaba. El vaquero naufragado parecía caer en cámara lenta, de forma muy parecida a la caída desde el avión que lo dejó en esta zona tan mortífera. Tuvo mucho tiempo para pensar en su nefasto final.

Después, se estrelló contra el suelo.

—¡Ugh!

Esperó. No oyó ningún gruñido.

Sus brazos y piernas seguían pegados al cuerpo.

No estaba muerto.

Y, haciendo un rápido repaso mental, estaba casi seguro de que no se había convertido en un zombi.

Aun así, había sufrido algunas heridas y apenas podía moverse. A la luz de la luna, vio el montón de arena, lo único que quedaba de su columna. De pronto, esta tembló levemente. Había algo debajo.

Rob se apartó cuando un gruñido ahogado acompañó a otra sacudida de la pila de arena. Luego, el suelo se quedó quieto; el gruñido terminó de pronto. La arena caída debía de haber ahogado al zombi.

Sacar el cuerpo era lo último que quería hacer, pero tenía que asegurarse de que el zombi no le daría más problemas. Al igual que su viejo perro, *Jip*, se agachó y empezó a escarbar para descubrir el pútrido cadáver. Para su gran alivio, parecía que había dejado de moverse. Ya iba a dejar la columna cuando notó algo duro y pequeño en la arena. Tras escarbar un poco más, encontró un objeto largo y triangular: ¡una zanahoria! El zombi había dejado la verdura tras de sí al expirar.

La desgracia se había convertido en suerte, y rápidamente se metió la mitad de la zanahoria en la boca para empezar a masticarla, haciendo que sus barras de alimentos y de vida aumentaran un poco. Si pudiera hacer un fuego y encontrar algo de carne, habría hecho un buen estofado para recuperar fuerzas, pero la zanahoria ya era un comienzo. Se sentía mejor y más fuerte. Quizá pudiera sobrevivir a la noche después de todo.

Pero justo cuando ya empezaba a relajarse, oyó una nueva remesa de gruñidos.

—Uuuuh... oooh...

¿Más zombis? El monstruo debió de pedir ayuda a sus amigos antes de ahogarse por completo en la arena.

Esta vez, Rob sabía qué hacer. No había forma de saber qué otras criaturas hostiles acechaban en la oscuridad acercándose hacia allí, ni tampoco sus poderes. Con la fuerza que le quedaba, debía reconstruir la columna de forma que fuera mejor y más alta.

Trabajó toda la noche, cavando torpemente en la arena hasta que encontró arenisca natural. «¡Eureka!» Esos bloques supondrían una base mucho más estable que podía soportar daños, aunque seguramente no una explosión. Esperó que no lo visitara otro creeper esa noche.

Cavó, colocó, saltó y amontonó hasta estar en lo alto de una columna de arena de doce bloques de altura. La arenisca de la base ofrecía una plataforma sólida. Rob se sintió confiado con la idea de que nada que acechara en la oscuridad podría escalar su nueva torre de arena.

Echó un ojo a los lados de su construcción.

Nada.

Pero solo para estar seguro, se quedaría despierto un poco más para vigilar.

Rob se agachó sobre el pilar, masticando la otra mitad de la zanahoria y deseando que la mañana llegara antes de que lo hiciera otra cosa. Lo que carecía de importancia aquella mañana se había vuelto vital. Debería haber comido en el avión. Deseó tener a mano el cuchillo que siempre llevaba con él en casa. Debería haber traído el saco de dormir, que lo habría mantenido caliente. Pero, sobre todo, debería haber prestado más atención a donde estaba mientras caía del cielo. Sí, las cosas que antes daba por sentadas ahora podrían ayudarlo a mantenerse vivo. Al menos, el tiempo suficiente para encontrar una forma de volver a casa.

De pronto lo invadió un punzante sentimiento de soledad.

Empezó a tararear la tonadilla que siempre le cantaba a *Jip* antes de dejarlo en su casita por las noches. Luego pensó en el potrillo que había empezado a entrenar y en el poni que había dejado sin ensillar. Se preguntó si algún día volvería a verlos a ellos o a su querido rancho. En casa, el aire olía dulce, y no salado como en aquella playa. En el rancho había cantidad de espacio para deambular, pero jamás se sintió vulnerable como allí, incluso a doce bloques sobre el suelo. Pero, sobre todo, la vida en el rancho era tranquila: se dormía con el sonido de los grillos, el aullido de un coyote solitario o el mugido de una vaca ociosa, y no con gruñidos, explosiones y en lo alto de columnas de arena.

Suspiró.

Y entonces, exhaló de forma mucho más decidida. De una forma que significaba determinación.

—Voy a volver a casa —prometió, animado por el sonido de su propia voz—. He sobrevivido al accidente de avión, he sobrevivido al naufragio en el océano y también a dos peligrosos ataques de monstruos. —Apretó los puños—. ¡Haré lo que sea necesario para volver al rancho!

Se acurrucó en lo alto de su lecho de arena y entonces se quedó dormido.

Aunque oyó gemidos por la noche, Rob estaba tan cansado que no se levantó. Sabía que había hecho todo lo posible para protegerse.

Ya de mañana, un fétido hedor llegó hasta su nariz, obligándolo a despertarse. Pero no estaba preparado para lo que vio.

Había llegado la horda de zombis. Se aglutinaban bajo la columna, con sus ojos muertos buscando a Rob. Mientras los rayos del sol empezaban a despuntar en el horizonte, los zombis intentaban cubrirse a la sombra que proyectaba la torre, pero el sol todavía no estaba lo bastante arriba como para hacer ninguna. Rob observó cómo estallaban todos en llamas. ¡Pum! ¡Pum! ¡Pum! Se sacudían y crujían antes de quemarse y desaparecer.

«¡Genial!» Lo celebró varias veces, sintiéndose como en una película. Entonces le rugieron las tripas. «A lo mejor me han dejado más zanahorias para comer», pensó, y bajó de su pedestal de arena.

Pero cuando llegó a la playa, todo lo que encontró fueron algunos pescados podridos. «¡Guácala, qué asco!»

No le habría dado algo así ni siquiera a *Jip*. Dejó aquella porquería en la arena y partió para buscar la línea de árboles que había visto el día anterior. Al menos, recordaba un lugar que le podía ser de utilidad.

Atravesó las dunas mientras salía el sol, que emitía un suave calor sobre sus hombros. Aquello lo hizo pensar en los días soleados que pasaba en las vallas del rancho, silbándole a uno de sus caballos mientras *Jip* trotaba junto a ellos. Quizá pasada la línea de árboles encontraría la región montañosa que había divisado desde el aire. Quiso recordar la dirección en la que se encontraba, pero no valía la pena llorar por la leche derramada. «Mmmm, leche...» Se recreó en la deliciosa imagen de un vaso caliente de leche fresca acabada de ordeñar.

Sumido en sus pensamientos, a punto estuvo de no ver una extraña señal.

Colocando el pie en un hueco de la arena, comprobó de nuevo sus sospechas. ¡El surco tenía la forma exacta de su pie! Era indudable que se trataba de una huella, de la huella de otro.

Su pecho se hinchó de esperanza y de temor. Una huella podía ser buena si eso significaba que podía encontrar a una persona que lo ayudara. Pero podía ser horrible si esa persona fuera un enemigo que quisiera hacerle daño. En cualquier caso, sería estupendo si al menos pudiera seguir a esa persona en secreto hasta una zona con recursos o comida que pudiera usar. Al menos, siempre que ese lugar no perteneciera a una horda hostil, lo cual sería un auténtico desastre.

Rob buscó de inmediato otra huella o señal de que otros habían pasado por allí. No había ninguna.

—¿Quién demonios deja una sola huella? —se preguntó en alto, con el miedo dominando el resto de sus emociones.

Se sintió más vulnerable que nunca en aquel tramo solitario de playa. Se agachó, mirando hacia ambos lados. Entonces, salió disparado y corrió todo lo rápido que pudo hacia los árboles que había a lo lejos.

CAPÍTULO 2

El conjunto de árboles verdes y frondosos estaba más lejos incluso de lo que Rob había pensado. Correr consumió sus energías y vació su barra de hambre. Bajó el ritmo hasta un simple trote, luego a un paso rápido y finalmente a arrastrarse. Se detuvo y escuchó atento. La paranoia se estaba apoderando de él. Todo estaba tranquilo..., demasiado tranquilo. Quizá se equivocara, pero le daba la impresión de que alguien lo estaba vigilando desde los árboles. Y sin embargo, no veía nada más que vida vegetal y no escuchaba otra cosa que las olas del mar rompiendo en la costa detrás de él.

Le parecía raro no oír los cantos de los pájaros o ni siquiera el zumbido de las moscas, como lo haría en su mundo.

—Está claro que ya no estoy en el racho —murmuró con pesadez, sin darse cuenta de lo cerca que estaba tanto de la inanición como de la salvación.

La playa vacía había creado un espejismo: no de un fabuloso oasis, sino de más arena vacía ante él. La imagen amenazaba con estallar la burbuja de esperanza que se había formado. ¿Lograría alcanzar la arboleda?

La respuesta lo golpeó, literalmente, en la cara.

¡PAM! El vaquero chocó de cara con un tronco. Cayó al suelo, y luego sintió un segundo impacto más leve. Una manzana se había soltado de su rama y había caído golpeando su hombro antes de rodar unos pocos bloques.

Rob reconoció la fruta a pesar de su condición, se arrastró hacia ella y la agarró para metérsela en la boca, semillas incluidas. Su barra de alimentos se llenó un poco. En cuanto terminó la manzana, se puso en pie.

Miró hacia arriba. El follaje se alzaba sobre él, las enredaderas caían en cascada sobre los troncos de los árboles. El roble que le había parado en seco era uno de los muchos que crecían en la zona. Entre las copas de la jungla, el sol de la mañana aparecía difuminado, mientras que abajo en el suelo de bioma había mucha sombra. Los rayos de luz se filtraban entre la penumbra de color verde oscuro. En medio de aquel aciago silencio, Rob casi podía oír a alguien, o algo, que lo observaba.

Desechó el pensamiento y se concentró en explorar aquel nuevo entorno. Donde había una manzana podía haber más. «Será mejor que deje de agarrarlas con la cara», pensó, frotándose donde se había golpeado.

Dio un puñetazo a uno de los árboles y cayó algo de madera, pero nada de fruta. Juntó dos de las ramas y creó un palo. «¡Estupendo!» Golpeó las hojas y así fue recompensado con dos manzanas, que cayeron al suelo. Se comió una enseguida y guardó la otra en su inventario para más tarde, junto con el palo. Tenía la sensación de que iba a necesitar ambas cosas.

Quedarse deambulando por las sombras no lo iba a llevar a casa, así que empezó a atravesar el bosque. El avance era lento con tanta hoja desparramada por el suelo. Rob no sabía qué era lo que estaba buscando pero, según caminaba, empezó a formar un plan en su cabeza.

—Lo que tengo que hacer es llegar a un sitio con vista panorámica —se dijo—. Buscar un punto alto y observar el terreno. Puede que entonces pueda encontrar la forma de salir de aquí, o al menos, de encontrar a alguien que sepa dónde estoy. —No se dio cuenta de que se estaba alejando cada vez más de su punto de nacimiento.

La manzana le hizo recuperar el ánimo además de las fuerzas. Canturreó en voz baja mientras atravesaba la maleza, esperando llegar a un claro entre los árboles. Sin embargo, incluso con todo el buen humor, la sensación de que había unos ojos que lo seguían lo ponía nervioso.

Finalmente, alcanzó un pequeño claro entre los arbustos, donde solo había unos gigantescos troncos sosteniendo el follaje sobre su cabeza. Le sorprendió ver un cuadrado de bloques de piedra, que evidentemente no era natural. Se acercó con cuidado, casi esperando el repentino ataque de algún demonio. Pero no hubo nada que bloqueara su progreso hacia la entrada abierta.

Rob fisgó en el interior. Allí había otra zanahoria. Pensó que uno nunca tiene demasiada comida, así que entró para apoderarse de aquel premio comestible... y una puerta se cerró de golpe tras él.

No solo estaba atrapado, sino que al inspeccionar la hortaliza en su mano, se dio cuenta de que solo era un trozo de madera triangular pintado para parecer una zanahoria. Lo habían engañado. Y no tenía ni idea sobre quién, o qué, lo había acorralado y lo que pensaba hacer con él.

—¡Dame todo lo que lleves, griefer! —gritó una voz severa que le dio un escalofrío a Rob.

Pero al momento, sintió cómo se iba parte de la tensión. Su captor era humano. En cualquier caso, Rob era lo bastante inteligente como para aferrarse a las únicas posesiones que tenía.

—¡Nunca! —le gritó.

—Entonces tendré que matarte...

La puerta se abrió de golpe. Allí estaba una chica, con el pelo recogido debajo de una gorra marrón de cuero. Su piel de color verde oliva y su uniforme de camuflaje hacían que se fundiera con la flora que tenía tras ella. Empuñaba una gran espada, que reflejaba la tenue luz de la jungla cuando se movía.

Rob se apartó en cuanto ella entró en la trampa de piedra. Observó las esquinas pero no vio ningún lugar para cubrirse, y apretó los dientes en cuanto se acercó hacia él, blandiendo la espada sobre su cabeza. Entonces, sin previo aviso, la chica se desplomó en el suelo, tirando la espada hacia él.

Agarró el arma, pero no podía imaginarse usándola contra otra persona.

—¿Te encuentras bien? —preguntó.

La chica abrió los ojos contrariada, pero no parecía verlo.

—Estoy... muy débil —murmuró—. Tengo hambre...

Lo cierto es que parecía moribunda. Rob rebuscó en su inventario y sacó la manzana para dársela, esperando que fuera suficiente.

La chica se la comió y recuperó la vista. Miró a Rob por debajo de la gorra de cuero, analizándolo e intentando decidir si sería una amenaza.

—¿Qué quieres de mí, griefer? —dijo al fin.

—N...nada... —respondió Rob—. Si no, ¿por qué te daría mi última manzana? ¿Y qué es un...? Ni siquiera sé lo que es un «griefer».

La chica no parecía muy convencida.

—Toma, aquí tienes tu espada —le devolvió el arma. Ella la tomó y se puso de pie de un salto, gracias a las energías que había recuperado con el aperitivo.

—¡Explícate, extraño! —le ordenó, arrinconando a Rob en una esquina.

Ante la duda de que su palo fuera rival contra la espada de ella, lo dejó también como gesto de rendición.

—Estoy... perdido... —Quizá la honestidad fuera lo que le salvara el pellejo en aquel momento.

La chica resopló.

—¡Pero qué idiota! —Tomó el palo y lo puso en su inventario—. Llevo todo el día observándote. Eres un despilfarrador, lento y bobo. ¡Has ido directo a mi trampa!

Rob no podía replicar a eso. De hecho, tenía que admirar su inteligente cebo.

—Una zanahoria falsa —dijo, tirando la hortaliza de madera hacia ella—. ¿Qué intentabas hacer, domar un conejo?

Ella la tomó y la puso también en su inventario.

—Sí. Uno grande y bastante tonto. La verdad, colega, es que eres igual de inútil que un conejito.

Se le revolvió el estómago. Rob no estaba acostumbrado a estar tan indefenso, y mucho menos a que una chica lo llamara tonto.

—Oye, ya te he dicho que estoy perdido. He tenido suerte de sobrevivir esta noche. ¿Sabías que hay zombis sueltos por aquí?

—Pues claro —respondió—. ¿Qué hacías fuera de noche? Aunque bueno, tampoco es que de día te luzcas mucho. Has malgastado toda clase de comida y de materiales. He tenido que recoger toda la carne podrida y la pólvora que habían dejado los zombis y el creeper al morir para que no se echara a perder. Aunque qué asco.

—¿C...carne podrida? —repitió Rob—. Y no he visto nada de pólvora.

—Estaba mezclada con la arena. Bueno, ¿cómo te llamas? Así sabré lo que tengo que poner en tu lápida.

—Me llamo Roberto, puedes llamarme Rob. ¿Y tú?

Ella lo miró, dudosa de si confiar en él o no. Parecía emplear las mismas tácticas que los griefers. Pero había algo inocente en aquel jugador.

—Bueno..., me has dado tu manzana. ¡Pero qué estupidez!

Él asintió.

—Me llaman Frida.

—¿Quién?

—La gente que importa —dijo—. Escucha, hay griefers por todas partes. Por eso estoy tan hambrienta. He tenido que correr lo indecible solo para poder cruzar el último cambio de bioma y escapar de ellos. Estaba muy protegido por esqueletos. —Se estremeció al decirlo—. Puede que no vuelva a dejar la jungla nunca más.

Esto aumentó la curiosidad de Rob.

—¿Qué es eso del otro bioma? Estoy intentando encontrar una colina muy alta. O unas montañas.

—¿Tú estás loco? No llegarás jamás allí. No con el ejército del doctor Dirt de por medio.

¿Ejército? Eso no sonaba bien.

—Mira, tú... Este..., Rob. —La voz de Frida se suavizó

mientras se movía—. ¿Quieres seguir vivo? Pues más vale que te quedes conmigo. Al menos hasta que aprendas cómo cuidar de ti mismo en esta versión del mundo.

—Gracias, Frida. Agradezco el detalle.

Los dos conocidos pasaron el resto de la tarde reuniendo y guardando objetos que Frida dijo que necesitaba. Esta creó un cofre y lo colocó en el pequeño recinto de piedra, y luego le dijo a Rob lo que debía poner dentro. Le mostró cómo crear un hacha para cortar madera y cómo usarla como arma.

—Hasta que tengas un arma más poderosa, será mejor que no tener nada. —Rob estaba más que de acuerdo.

Avanzaron juntos por la jungla, charlando mientras trabajaban.

—¿Quién es el doctor Dirt? —preguntó Rob.

—Más bien «qué es». —Frida se abrió camino por las enredaderas con su propia hacha de piedra—. Es un griefer. No, es el rey de los griefers. Son maestros del engaño. Todos se hacen los buenos, se hacen tus amigos y entonces... ¡bum! Te roban todos los materiales o te queman la casa. El doctor Dirt dirige a un montón de ellos, y encima han conseguido controlar a los monstruos hostiles. Es así de poderoso. Créeme, es mejor que no te lo encuentres. Y no lo harás si te quedas en este bioma y te ocupas de tus cosas. —En ese momento, su hacha se rompió y soltó un gruñido.

Creó otra nueva como una exhalación usando el palo de Rob y un pedazo de hierro que tenía en el inventario.

—¡Es el último lingote de hierro que me queda! —suspiró, y siguió con su respuesta para el vaquero—. Los griefers me han robado la mayoría de mis materiales. El doctor Dirt y sus esbirros controlan a los esqueletos y los están usando como escudo mientras se llevan lo que encuentran de quienquiera que se encuentran.

A Rob la cabeza le daba vueltas. «Ladrones, esqueletos andantes, ¡y no olvidemos los zombis y los creepers explosivos!» Desde luego, había muchos peligros a los que temer en este mundo.

—¿Y por qué no nos alejamos de esos griefers todo lo posible? Yendo al siguiente bioma, por ejemplo.

—Ya lo he intentado —dijo mientras rebuscaba entre los helechos para encontrar objetos útiles—. El doctor Dirt ha ordenado a los esqueletos que ataquen a los viajeros en todas las fronteras de bioma que he cruzado. Están armados y son peligrosos. —Entonces gritó—: ¡Yuju! —Y salió de entre la maleza—. ¡Un bloque de melón!

Mientras Rob miraba, ella partió el bloque en media docena de melones. Los dos se comieron uno inmediatamente. Rob escupió las semillas.

—¡No hagas eso! —lo regañó Frida—. Podemos plantarlas luego. Escucha, Rob. Primera regla de la supervivencia: ¡no malgastes nada! —Pero al ver su expresión confusa, sonrió un poco—. Aunque no lo sepas, puedes terminar usándolo.

Se comieron otro melón cada uno y luego colocaron los demás y las semillas en el cofre.

—Está bien tener una reserva por aquí —le dijo Frida—, por si tenemos que escondernos un tiempo.

—¿Quieres decir que no vives aquí?

—¡Claro que no! —dijo—. Estos muros tan bajos no impedirían el paso ni a una araña. Me quedé sin rocas mientras los construía. —Echó un vistazo al cielo a través de los árboles—. Vaya, será mejor que volvamos a mi casa. Se está haciendo de noche.

—Y es cuando salen los zombis —dijo Rob con un escalofrío.

Frida lo miró.

—Y es cuando salen los zombis —repitió—. Parece que ya vas entendiendo, compañero.

Rob sintió que había aprendido algo por primera vez desde que cayó en el océano. Fue sorprendentemente satisfactorio. Además, aquella noche tenía compañía para dormir.

Frida empezó a avanzar por la jungla.

—¡Sígueme!

Rob se apresuró para alcanzarla. Se dio cuenta de que en la nuca tenía un pequeño tatuaje de una manzana con una flecha clavada y usó la imagen para encontrarla entre el follaje. En su antigua vida solía pasar varios días sin ver un alma mientras cabalgaba cerca de las vallas, pero ahora, pasar una noche solo era lo último que quería hacer.

—¿Y de dónde eres? —le preguntó Frida mirando hacia atrás, como si le leyera los pensamientos.

Él se quedó parado.

—Antes le decía a la gente que era del Oeste, pero ahora ya no estoy seguro. Ayer caí del cielo.

—Entonces será tremendamente complicado volver a tu punto de nacimiento. Seguramente tengas que encontrar un portal encantado o morir para volver allí.

—Sí que me muero por volver allí —le confirmó, sin saber nada sobre los puntos de nacimiento—. Quiero volver a mi rancho. Estaba pensando que quizá si subo a algún lugar elevado, podría hacerme una idea mejor de dónde estoy y de dónde he venido. Verás, yo estaba volviendo de mis vacaciones cuando mi avión se estrelló. O se fue a alguna parte. —Lo cierto es que no lo había visto caer, pero pensó que un sitio alto le podría dar algunas pistas sobre lo que había sucedido.

—Bueno, no creo que por aquí encuentres nada lo bastante alto para que te ayude con eso —dijo Frida—, y viajar a las colinas extremas sería demasiado peligroso. Tendrías que cruzar varias fronteras, y el ejército del doctor Dirt hace de las suyas en esos sitios.

—¿Y qué? Ya encontraremos alguna forma de hacerlo —dijo Rob, decidido.

Frida se paró en seco.

—¿Cómo que «encontraremos»?

—Bueno, pareces muy valiente.

—Valiente, sí. Estúpida, no —giró de nuevo y volvió a apretar el paso—. ¡Vamos, vaquero! —le gritó—. ¡Se nos está acabando el día!

Avanzaron a paso ligero, parando brevemente para añadir manzanas caídas a sus provisiones.

Rob no había viajado tanto a pie desde... nunca.

—¿Cuánto falta para llegar a tu casa? —preguntó.

—Cueva —lo corrigió ella—. Está ahí mismo. —Señaló un saliente y al momento le cayó algo encima. Se vio aplastada por el peso de un humano adulto, que la tiró al suelo. La criatura profirió un grito desgarrador.

—¡Aaaughhh!

Rob saltó hacia atrás, observando impotente mientras el intruso le arañaba la cabeza a Frida con las manos y la golpeaba en las costillas con las piernas. La gorra de cuero le protegió la cabeza, pero recibió bastantes daños en su cuerpo desprotegido. Con un salto, lanzó al hombre y empezó a tirarle todo lo que pudo: hojas, polvo e incluso sus preciadas manzanas. Esto le dio el tiempo suficiente para buscar su espada en el inventario. Se le cayó y se tuvo que agachar para recogerla. Su asaltante fue demasiado rápido, le bloqueó el brazo y la roció con una poción de lentitud. Ahora le iba a ser imposible alcanzarla...

Rob observó, horrorizado, mientras el atacante se agachaba y recogía el arma. Se acercó a Frida de forma amenazante, y el vaquero se dio cuenta de sus brazos musculosos y su piel tatuada. Sabía que debía hacer algo para detener a aquel perturbado, pero ¿qué?

Pensando rápido, hizo un sonoro clic y puso un dedo en la espalda del hombre.

—¡Suelta eso y pon las manos en alto!

Para sorpresa de Rob, el fornido asaltante le hizo caso. Dudó un momento, sorprendido de que su treta hubiera funcionado, y entonces recuperó la espada de Frida.

—¿Estás bien? —le preguntó a su nueva amiga.

Ella asintió despacio.

—Lo estaré... enseguida...

Nadie movió un pelo.

Entonces, Frida le dijo algo a su agresor.

—Tú ganas... Esta vez... me atrapaste... —Se giró lentamente hacia Rob y dejó escapar una gran sonrisa—. Rob, te presento a mi amigo... Turner.

El hechizo no tardó en desaparecer. Frida le explicó a Rob que ella y su amigo Turner mantenían una rivalidad amistosa: siempre que se encontraban, intentaban emboscar al otro. Los dos rieron y bromearon mientras proseguían su camino por la jungla, con Rob siguiéndolos detrás. Estaba perplejo por su comportamiento: si así es como se recibían los amigos por aquí, tenía claro que no quería hacer enemigos.

—Turner me mantiene alerta —dijo Frida, haciendo alusión al ataque sorpresa—. Esa ha sido muy buena, Musculitos.

Turner pareció tomarse el apodo como un cumplido.

—Lo mismo digo —respondió—. Los aventureros como nosotros tenemos que hacer todo lo posible por mantenernos alerta, atentos y fuertes. —Desde luego, él parecía representar todo eso, con sus pantalones de camuflaje, la camiseta rasgada y el pelo rapado.

—Sobre todo en la jungla —añadió Frida—. Las criaturas pueden aparecer aquí incluso de día en las zonas más sombrías. Me alegro de que hoy no nos hayamos encontrado con ninguna.

—Yo también —coincidió Rob.

—¿Qué habrías hecho? —replicó Turner—. ¿Les habrías hecho burla desde arriba?

Frida se rio ante el sonrojo de Rob. Le dio un golpecillo amistoso.

—En serio, ¿funciona eso en el lugar de donde vienes?

—Sí, bueno...

—Buen intento —dijo Turner.

Rob se alegró de tener compañía mientras caía la noche.

CAPÍTULO 3

Los tres viajeros alcanzaron la caverna de Frida justo cuando los gemidos, gruñidos, zumbidos y repiqueteos empezaron a llenar el ambiente.

—¡Entren! —gritó Frida.

La siguieron hacia una cueva fortificada con rocas y una puerta de hierro en la entrada. Frida cerró la puerta de golpe tras ellos, dejando el interior sumido en la oscuridad.

Entonces, fabricó dos antorchas, iluminando las paredes de la cueva y también una gran araña negra. Esta saltó hacia Rob. Antes de que pudiera reaccionar, Turner ya la había eliminado con un hacha de piedra.

—¡Gracias!

Turner hizo un gesto de aprobación.

Frida comprobó el cadáver del arácnido.

—Al menos no era venenosa.

—Debe de habernos seguido desde fuera —dijo Turner mientras observaba el hilo que la araña había dejado—. Justo lo que necesitaba. Esta noche haré algunas armas.

—Entonces querrás lo que tengo en el sótano —dijo Frida, moviéndose para que Turner y Rob la siguieran.

Al final del vestíbulo de la pequeña cueva había una escalera. Frida cavó en la pared y sacó un poco de carbón, que usó para crear más antorchas con las que iluminar el camino.

Descendieron varias plantas hasta llegar al fondo, donde la caverna se abría en una gran sala. Rob estaba sorprendido por lo acogedora que parecía. Había una cama, una chimenea, una alfombra de lana y otro cofre, al que Frida se acercó y empezó a revolver.

Le tiró un poco de lana a Turner y luego a Rob.

—Pueden dormir con eso.

«¡Un saco de dormir!», pensó Rob. Empezaba a sentirse como en casa.

Pero Turner rechazó la oferta.

—Así que intentas cambiar mi punto de nacimiento, ¿eh, Frida? Mis coordenadas de nacimiento son un secreto y prefiero que lo sigan siendo.

Ella se encogió de hombros.

—Como quieras. —Se agachó para encender la chimenea—. ¿Tienes algo de carne? —le preguntó, haciendo que a Rob se le cayera la baba.

—¿Cuándo no he tenido? —Turner sacó tres filetes para cocinar—. Podemos aprovechar el fuego para forjar algunas armaduras después de comer.

—¿Por qué armaduras? —preguntó Rob—. Este sitio parece seguro frente a los ataques.

—Apenas me quedan materiales de ningún tipo —dijo Frida— y tendremos que cruzar la frontera de la jungla si queremos comerciar con los aldeanos. —Miró a Turner—. Doy por hecho que estás aquí por eso.

—Sí, yo también necesito suministros. Y no subestimes a los esqueletos del doctor Dirt.

—Yo tengo un hacha —dijo Rob, contento de tener un arma en su arsenal.

Turner y Frida intercambiaron miradas.

—Debes mantenerte a cierta distancia cuando luches con los esqueletos —le dijo Frida.

Turner dio la vuelta a los filetes y su rico aroma llenó la sala.

—Recomiendo tener al menos un peto de hierro y un arco con flechas. A ser posible, varios de cada uno, por si se rompen. Eso les permitirá mantener la distancia pero podrán responder al fuego enemigo.

Frida se dio cuenta de la confusión de Rob.

—Esqueletos. Disparan flechas —le dijo, y luego suspiró—. En serio, Rob. Se podría llenar un libro con todo lo que no sabes. —Se giró hacia Turner y añadió—: Es nuevo y está perdido. Es como un bebé en el bosque.

Turner sonrió.

—Ya lo veo. Pero ¿cómo se conocieron?

Rob y Frida relataron su encuentro y los sucesos que llevaron a ello, y luego explicaron su plan para viajar a las colinas extremas y que Rob encontrara la forma de volver a casa.

—¡Uf! —exclamó Turner—. ¿Me estás diciendo que escapaste a pie de uno de los escuadrones de esqueletos del doctor Dirt? —También miró a Rob con cierto respeto—. ¿Y tú has caído del cielo y has pasado tu primera noche en una columna de arena? Para ser un novato, es una idea muy buena.

—¿Y tú qué, Musculitos? —preguntó Frida—. ¿Cómo has llegado a mi zona de la jungla?

Su amigo dejó escapar un largo resoplido.

—Un poco más y no lo cuento. Me atrapó uno de los

principales griefers de Dirt, un tipo llamado Piernas. Me dijo que podía conseguirme los diamantes que quería a cambio de mi ayuda para crear una jaula. Pero en cuanto la construí, me lanzó una poción de lentitud y envió a una horda de zombis para que me atacaran.

Escuchar el nombre de los monstruos hizo que Rob se pusiera tenso. Aun así, sentía curiosidad.

—¿Y qué pasó luego?

Turner se rio.

—Tenía una poción de curación de alto nivel en el inventario para contrarrestar el hechizo. Perseguí a Piernas, pero los zombis lo rodearon para formar un muro de muertos vivientes. No podía alcanzarlo sin acabar con ellos, y si me ponía a luchar, Piernas me habría atacado con alguno de sus trucos sucios. —Hizo una pausa—. Supongo que fue un empate. Pero luego llegó una horda de esqueletos y no me quedé para pelearme con ellos.

—¿Cómo te encontraste con él? —le preguntó Frida.

—Estaba pensando en mis cosas, buscando trabajo de guardaespaldas, y entonces crucé la fría frontera de taiga. Piernas apareció de pronto y me dijo que quería atrapar a un lobo salvaje, por eso necesitaba la jaula. Pensé que podía sacar unos buenos diamantes por el trabajo y acepté, pero entonces es cuando se armó la gorda.

—Y te atacaron —concluyó Rob, recordando la forma en que Frida lo atrajo con su trampa. Al menos ella intentaba defenderse y no lo hizo para engañarlo.

—Qué horror —dijo Frida—. ¿Las legiones del doctor Dirt han llegado ya a la taiga fría? Yo me los encontré en las fronteras de la llanura y la Mesa.

Rob supuso que esas zonas estarían entre la jungla y las colinas extremas. Nada bueno.

—¡Es como si ese tipo pretendiera dominar el mundo! —dijo.

Turner entornó los ojos.

—Al menos, el mundo real.

Los tres debatieron el tema mientras comían la carne.

—¿Crees que el doctor Dirt habrá logrado infiltrarse en todas las fronteras del mundo? —preguntó Frida.

Turner se encogió de hombros.

—Sería muy difícil. Hay más de sesenta biomas, cuenta el doble o el triple de fronteras.

Frida frunció el ceño.

—Esto va a causar muchos problemas a los aldeanos al otro lado. El comercio va a ser complicado.

Turner habló mientras masticaba un pedazo de carne.

—Lo complicado será ganarse la vida en general. Yo tengo que cruzar la frontera en cuanto me digan. Así funciona mi trabajo. —Tragó y levantó los brazos en protesta, cubiertos con los tatuajes que Rob observó antes.

—¿Qué son? —preguntó.

—Cada uno representa un bioma que he explorado —dijo Turner, sonriente—. Me gano las gemas protegiendo las pertenencias de otra gente de las criaturas y los griefers. —Entonces se desinfló un poco—. Aunque ahora he perdido algo de credibilidad.

Rob se quedó preocupado. Si aquel mastodonte tuvo que rendirse ante un griefer, ¿qué posibilidades tenía él?

Los ojos de Frida pasaron de Turner a Rob.

—Cuantos más seamos, más seguros estaremos —dijo serena.

Turner no estaba seguro de haberla oído bien.

—¿Quieres decir que este...?

Frida le puso una mano en el hombro a Rob.

—Está un poco verde, pero tiene chispa.

—Vamos a necesitar algo más que chispa —dijo Turner en tono seco.

Rob volvió a pensar en su mundo, donde sus habilidades habrían sido más que suficientes para sobrevivir en el rancho.

—Tengo algo más que chispa —se defendió—. Puedo atar con cuerda, arreglar vallados, reunir el ganado y domar incluso al potro más salvaje.

—Todo eso suena genial —dijo Turner mientras negaba con la cabeza—, pero creo que me las arreglaré mejor solo.

Frida no estaba conforme.

—Vamos, dale una oportunidad, Musculitos. Algunas de las cosas que sabe hacer pueden sernos de utilidad.

Turner se lo pensó un momento.

—Bueno... está bien. Pero si me da una flecha por su culpa, pienso dejarlos tirados.

Terminaron la comida y se sentaron alrededor del fuego para relajarse. El sótano del fuerte de Frida estaba bien fortificado. Oían golpes en la puerta de hierro de arriba, pero nada lograba penetrarla.

—Ya veo por qué no querías dejar este sitio —dijo Rob, admirando la confortable sala.

La anfitriona se encogió de hombros.

—Solo es algo temporal. Tarde o temprano vendrá algo, o alguien, y encontrará una forma de entrar. Una chica no dura viva en la jungla mucho tiempo si se queda en un mismo sitio. Seguramente cave hasta que no quede nada y me mudaré.

—Pero ¿y lo de estar seguros cuantos más seamos?

—Eso está bien para viajar hasta las aldeas —dijo Frida—, pero yo soy más bien una solitaria.

Turner empezó a organizar los objetos de su inventario.

—Cuando se trata de obtener recursos, todos somos rivales, novato. —Miró a Frida, que se había levantado para buscar algo en su cofre de suministros—. Es una rivalidad amistosa —siguió—, pero una rivalidad, al fin y al cabo.

—Estoy de acuerdo. —Frida se alejó del cofre y le pasó a Turner tres palos que había sacado de una pila—. ¿Podrías darme un poco de hilo de araña?

—Aquí tienes —le lanzó un ovillo y ambos empezaron a fabricar arcos.

Rob seguía lamiéndose los dedos, disfrutando del sabor de la carne tanto como fuera posible. Intentó entender la relación entre Frida y Turner. Ahí fuera, los dos (y otros como ellos, imaginó) competían por la comida y las materias primas. Sin embargo, allí dentro se ayudaban el uno al otro. Incluso compartían una mesa de trabajo, en la que avanzaban rápidamente. Rob quiso señalar que el trabajo en equipo podía ser la forma más eficiente de seguir adelante, pero aquel era su mundo y no se trataba de pastorear al ganado.

Frida y Turner siguieron fabricando armaduras y flechas, sin hablar mucho pero sabiendo lo que el otro necesitaba. Cuando al fin se quedaron sin plumas, empezaron a llenar el inventario con las flechas.

—Con esto no tenemos suficiente —dijo Turner cerrando el inventario—. Tendremos que conseguir algunas plumas en cuanto lleguemos a la aldea.

Frida cruzó los dedos.

—Espero que no encontremos problemas por el camino.

Esto reavivó las preocupaciones de Rob.

—Yo no tengo nada con lo que comerciar. Ni tampoco con lo que fabricar armas.

Turner colocó un arco y algunas flechas sobre uno de los petos de hierro que había hecho y se lo entregó todo a Rob.

—Aquí tienes, novato. Ya me lo pagarás con intereses algún día.

Rob le ofreció una mirada de agradecimiento, pero el mercenario tatuado agitó la mano, adornada con la imagen de un bioma de montaña, como si el préstamo careciera de importancia. Luego se retiraron cada uno a una esquina, Frida apagó la mayoría de las antorchas y todos se fueron a dormir.

Tras desayunar algunas manzanas, los tres amigos recién aliados recogieron el equipamiento y salieron al exterior, bañado por la luz que filtraban las hojas. Sin embargo, al momento empezó a caer una buena tormenta.

Mientras la lluvia goteaba por la densa capa de árboles, la gorra de cuero marrón de Frida mantenía su cabeza seca. Turner se colocó un casco de cota de malla que era casi impermeable. Rob añoró el sombrero que había perdido en el mar, pero no podía quejarse. Además, la lluvia de la jungla era tibia. Las preciosas orquídeas florecían ante sus ojos. Podría haber sido mucho peor.

—Entonces, ¿dices que hay una aldea aquí cerca? —preguntó Rob, emocionado ante la idea de ver más personas y casas. Quizá aquello fuera más parecido a su hogar. Quizá alguien sabría alguna forma de volver allí.

—Llegaremos al anochecer —dijo Turner—, a menos que ocurra algo... interesante.

—¿Como qué?

En cuanto la pregunta escapó de los labios de Rob, tres figuras oscuras con largas extremidades aparecieron de pronto sobre el grupo, aterrizando tras ellos con un sonido sordo.

Rob se giró para verlos, pero Frida le bloqueó la vista.

—¡Endermen! ¡Están mojados! Eso no les gusta, ¡no los miren!

Pero ¿cómo se suponía que no iba a mirar a una banda de criaturas extrañas, oscuras y desgarbadas que estaban intentando rodearlos? Frida lanzó una pantalla de enredaderas que había cortado el día anterior y tanto ella como Turner se agacharon tras ella, haciéndole señas a Rob.

—¡Tú protege el fuerte! —le susurró Turner—. ¡Estos tipos no son amigos!

Sacó su espada y dejó de cubrirse para atacar a los endermen, que ya habían sufrido daño por la lluvia. Turner acabó con los tres de inmediato, y todos dejaron una perla de Ender al desaparecer.

—¡Agárralas, novato! —le instruyó Turner—. Quédatelas hasta que encuentres algunas más. Tú eres el que necesitará encontrar un portal Ender.

Rob no tenía ni idea de qué hablaba Turner, pero pensó que quizá las perlas tenían mucho valor para comerciar con ellas.

Frida recuperó su pantalla de enredaderas y juntos prosiguieron su camino. Para alivio de Rob, la lluvia cesó y la luz volvió a pasar entre los árboles. Sabía que cuanta más sombra hubiera, mayor sería la posibilidad de encontrar... algo interesante, como había dicho Turner.

—¡Hay un lago ahí delante! —avisó Frida—. Musculitos, ¿tienes una caña? Me está dando hambre.

—Puedo hacer una —dijo Turner—. ¡Un momento! —rebuscó en su inventario, desmontó un arco y fabricó una caña de pescar.

A Rob se le hizo la boca agua solo de pensar en un buen plato de trucha, de bagre o de cualquiera que fuera el pez que nadara en aquellas aguas. Pero en cuanto se acercaron al pequeño lago, comprobaron que alguien se les había adelantado.

El relincho de un caballo resonó en el ambiente, alertando de su presencia a un muchacho sentado en la orilla. El chico tenía la piel muy pálida, el cabello castaño y rizado, que llevaba corto, y era tan delgado como un enderman, aunque con las extremidades proporcionadas.

Rob notó cómo crecía la tensión entre su grupo y el muchacho.

—¿Pescas algo? —preguntó Turner con tono despreocupado.

El chico asintió.

—¿Qué pica hoy? —preguntó Frida.

En cuanto se acercaron unos bloques más, el chico gritó:

—¡Peces globo! —Y entonces les lanzó algo.

Frida se apartó hacia un lado y Turner hacia el otro. Rob se quedó con la mandíbula desencajada y atrapó el erizado pescado... ¡con la boca!

Una enorme sensación de hambre le golpeó como un *tsunami*, y pensó que se le iban a revolver las tripas. Los brazos y las piernas se le quedaron paralizados, no podía moverlos.

—¡Me muero! —gritó.

—Solo es veneno —dijo Turner, como si no fuera nada.

—Yo me he muerto un montón de veces —comentó el pescador—. Ya volverás.

Frida se giró hacia él furiosa y le gritó:

—¡No pensábamos hacerte nada!

Él parecía avergonzado y le pasó una botella de leche.

—Toma, dale esto. Siempre llevo un poco cuando estoy pescando, por si acaso.

Frida sujetó la cabeza de Rob hacia arriba y le ayudó a beber. Se sorprendió de lo rápido que se desvaneció el efecto venenoso del pez globo.

Desde un matorral se oyó otro gimoteo, y el joven llamó al caballo para indicarle que todo iba bien.

—¿Y tu poni? —preguntó Rob, arrastrando un poco las palabras pero desesperado por ver de nuevo a un animal de verdad, uno que no provocara parálisis instantánea.

—Se llama *Beckett*, quiere azúcar —dijo el chico, haciendo señales a un grupo de árboles—. Lo tengo atado mientras pesco; si no, se acerca y asusta a los peces.

Sonrió arrepentido hacia Rob.

—Me llamo Jools. Perdona por lo de antes. Uno no puede descuidarse cerca de las fronteras de los biomas.

—¿Te importa si pruebo? —preguntó Turner, sacando su caña.

—Adelante —dijo Jools—. Pican muchos escamosos, solo estoy pescando peces globo para hacer pociones.

—Buena idea —dijo Frida—. He oído que el ejército del doctor Dirt sigue deambulando por la zona de las llanuras.

—Exacto. Quiero estar preparado por si acaso.

A Rob se le ocurrió algo.

—¿No puedes huir de ellos con el caballo?

Jools sonrió y negó con la cabeza.

—No con el viejo *Beckett*. Es perfecto para viajar, pero un poco remolón. Por eso las pociones.

Rob sentía cierta afinidad con la gente que montaba a caballo, incluso los que le paralizaban con peces venenosos.

—Me llamo Rob. Estos son Frida y Turner. Vamos camino de la aldea para comerciar un poco. Ojalá tuviéramos monturas en vez de ir andando.

—Pues pueden conseguir una —dijo Jools—. Sé dónde hay un montón de caballos esperando a que los domen. Por desgracia, está al otro lado de la frontera.

—Me enfrentaría a cualquier esqueleto con tal de conseguir un buen caballo —dijo Rob, mientras Turner ponía los ojos en blanco—. Además, los caballos pueden sernos de ayuda en la próxima refriega. —Eso llamó la atención de Turner.

El mercenario sacó un salmón y dejó la caña plantada en la orilla. Luego se alejó y miró entre los árboles, para volver de inmediato.

—Oye, Jools, ¿dices que sabes dónde encontrar un rebaño de estas bestias?

—Una manada —le corrigió Jools—. No son ovejas.

—A lo mejor saben igual —dijo Turner, haciendo que el estómago de Rob rugiera de nuevo—. Es broma. Una montura rápida podría ser justo lo que necesitamos para llegar a la aldea en una pieza.

Rob se animó.

—¡Así me gusta!

Jools se fijó en sus vestimentas.

—Veo que llevas zahones. Me encanta la ropa del Oeste. ¿Montas?

Rob se hinchó de orgullo.

—Ya lo creo. Fui el campeón del Rodeo del Lejano Oeste durante tres años seguidos. Y tengo la hebilla que lo demuestra... en casa. En mi rancho —añadió cuando Jools mostró un semblante escéptico.

—Va en serio —dijo Frida—. No es ningún griefer. Este tipo es la honestidad personificada.

Eso hizo sentir bien a Rob. Había dejado una fuerte impresión en ella, y sabía que Frida no confiaba en mucha gente.

—Bueno, ver para creer —dijo Jools.

—Te lo demostraré —respondió Rob—. ¿Nos llevarás hasta la manada?

—¿Qué me darán por hacerlo?

Rob pensó un momento.

—¿Qué tal estas perlas de Ender?

Al joven le brillaron los ojos.

—Trato hecho. —Entonces hizo una pausa—. Solo hay un problema.

Se hizo el silencio.

—Tenemos que cruzar la frontera de las llanuras esta noche. No es seguro dejar a *Beckett* en la jungla cuando salgan las criaturas.

—¡Yo estoy listo para la pelea! —declaró Turner. Entonces se giró hacia Frida y Rob—. ¿Se apuntan?

Frida asintió con fuerza.

No parecía que Rob tuviera elección. El cielo se estaba volviendo de un morado suave y parecía que la noche llegaría rápido. Además, quizá fuera su única oportunidad de encontrar caballos salvajes. Tragó saliva.

—Me apunto.

CAPÍTULO 4

Mientras viajaban, Jools no quiso ser muy claro sobre su historial. Frida le preguntó por sus puntos de nacimiento, y respondió:

—Están por aquí y por allá.

Cuando Turner mostró curiosidad por cómo se ganaba la vida, dijo:

—Soy asesor.

Y cuando Rob le preguntó por su habilidad para montar, comentó que era autodidacta.

«Parece un buen tipo —pensó Rob—, pero podría ser un griefer, o una especie de mercenario, como Turner.» Rob se guardó todas las preguntas que tenía para el jinete blanco, que en ese momento iba montado sobre *Beckett*, un semental de color crema que aun así era varios tonos más oscuro que el joven que iba en su silla. Rob pasó su atención al caballo, que avanzaba con cuidado a marcha lenta. Quizá no fuera el más rápido, pero un animal que cuida de sus patas se mantiene más sano que otros; los caballos más imprudentes pueden hacerse daño en las piernas, a veces con consecuencias fatales.

Sin embargo, Rob no pudo evitar romper el silencio.

—Yo confiaría en *Beckett* para una batalla, Jools. Parece de fiar.

—Lo es —dijo Jools, orgulloso. Incluso el reservado extraño se dejaba agasajar cuando se trataba de su mascota.

—Tengo que conseguir uno de esos —anunció Turner, con la decencia de no haber robado a *Beckett*. Al menos, no de momento.

—Tendrás que aprender a montar —le recordó Frida.

Turner señaló hacia Jools.

—Él sabe hacerlo, no puede ser tan difícil.

Rob se aguantó una sonrisa. Siempre parecía que el caballo hacía todo el trabajo.

Cuando el sol se escondió y el cielo se quedó a oscuras, el grupo cayó en un tenso silencio. Jools paró a *Beckett*, desmontó y avisó a los demás para que se reunieran.

—Aquí cerca nos encontraremos con centinelas —les informó—. Tienen que prepararse.

A Rob se le encogió el estómago y se atavió con el peto protector que Turner le había dado.

—Podemos reunirnos en mi campamento —ofreció Jools—. Está al otro lado de un río seco.

Frida y Turner lucían feroces con su equipamiento. Sacaron sus arcos y Rob hizo lo mismo.

Frida miró a Jools de reojo.

—¿Y tus armas? —le preguntó, con sospecha en su voz. Un griefer no necesitaría enfrentarse a los centinelas del doctor Dirt.

Jools levantó una botella.

—¡Poción de invisibilidad! —Hizo beber un poco a *Beckett* y el caballo empezó a desaparecer de forma gradual. Jools puso el pie sobre el estribo invisible y se subió a la silla—. Lo siento, no tengo suficiente para todos —se bebió lo que quedaba de poción y empezó a desaparecer también—. ¡Nos vemos al otro lado! —dijo, y con un relincho, montura y jinete se fueron de allí.

Turner le dio un toque a Frida con su codo tatuado.

—¿Crees que podemos confiar en él?

Ella se lo pensó un momento.

—Solo a medias —respondió, y Rob asintió en silencio. Frida era buena juzgando a los demás.

Partieron de nuevo en dirección al río. Rob no pudo evitar sentir como si se estuvieran acercando a un precipicio. Deseó llevar una o dos pociones en el inventario... pero esa vez tendría que confiar en su ingenio.

De pronto, oyó un chac. Una flecha se había clavado a escasos centímetros de su pie. Viéndola en el suelo como un mondadientes gigante, parecía inofensiva.

Sin embargo, la siguiente, que rebotó en su peto, le pareció mucho menos inocente.

—¡Una emboscada! —gritó.

Un repiqueteo de huesos llenó el ambiente. Con la pobre luz que había, Rob vio a media docena de esqueletos que se aproximaba con los arcos en alto y recargando las flechas tan rápido como las hacían volar.

Los tres amigos armados esquivaron el ataque mientras devolvían el fuego. Frida y Turner abatieron dos enemigos cada uno mientras Rob se esforzaba por manejar su arco. Cuando las dos criaturas restantes se acercaron a él, dispararon casi el doble de las flechas que parecía posible disparar, pero su puntería no era demasiado buena. Con el rabillo del ojo, Rob vio que Frida y Turner estaban recargando. ¡Aquellos dos monstruos eran suyos y solo para él!

La proximidad de los enemigos jugaba a su favor.

Apuntó y tensó la cuerda. ¡Zas! Su flecha impactó contra el primer esqueleto, le atravesó y le dio al segundo.

Sus ojos se abrieron de par en par.

—¡¿Vieron eso?! —les gritó a sus amigos.

Pero su victoria cayó pronto en el olvido.

Anunciada por un estrépito de huesos, llegó una segunda oleada de esqueletos que cargó desde unos quince bloques de distancia. Desde detrás sonó un mensaje lapidario:

—¡Márchense o ríndanse! ¡Esta frontera pertenece al doctor Dirt!

Rob se echó a temblar, deseando tener una montura para escapar de allí al galope. Pero Frida hizo una mueca y devolvió el grito:

—¡Las fronteras no son de nadie! ¡Identifícate!

—¡Soy Lady Craven, segunda al mando en el Ejército Imperial de los Griefers! —respondió. Sonó como si las sílabas cayeran de una mezcladora de cemento.

Frida preparó una flecha y movió su arco en la dirección de donde provenía la voz, mientras Turner y Rob se preparaban para la carnicería.

—¿Segunda? ¡Ja! ¿Es que el doctor Dirt no se atreve a aparecer por estas fronteras?

—Tiene mejores peces que freír, sardinilla —respondió Lady Craven—. ¡Y me tiene a mí para que devore a todos los demás!

Los ojos de Rob dejaron un momento a los esqueletos que se acercaban para mirar a Frida. Estaba concentrada, movía el arco intentando rastrear la voz de Lady Craven. Cuando por fin fijó el objetivo, gritó:

—¡Muere! —Y soltó la flecha.

Rob contuvo la respiración.

Turner se quedó parado un momento.

Incluso los esqueletos se detuvieron para ver si la flecha de Frida había acertado a lo lejos.

Se hizo el silencio.

Una risotada diabólica llenó el ambiente.

—Sus tristes palos y piedras no pueden herirme. Mis alas son como un escudo de hierro. ¡No puedo morir!

Los esqueletos retomaron el ataque arremetiendo contra los tres amigos, con ambos bandos dispuestos a quedar en pie. Rob cargó y recargó su arco, abatiendo a los monstruos uno a uno, pero seguían llegando más.

Entonces hubo una explosión seguida de un sonido como un gong, cubriendo el repiqueteo y el crujir de los huesos y resonando en los oídos de Rob. Una esfera de luz iluminó el cielo. Rob y los demás se quedaron parados. ¿Los alcanzaría la siguiente explosión? Sin embargo, fue un grito áspero lo que se oyó en el campo sombrío, seguido por la repentina retirada de los esqueletos restantes.

Cuando por fin hubo silencio, Frida, Turner y Rob se atrevieron a moverse de nuevo. Rob se palpó el cuerpo para asegurarse de que todo seguía en su sitio. Frida y Turner avanzaron agachados recogiendo los huesos y las flechas que los esqueletos habían dejado.

—¿Qué demonios ha sido eso? —preguntó Rob.

—He sido yo, una amiga —respondió una voz humana—. ¡No disparen!

De las sombras salió una mujer muy atlética con la piel de color cielo tormentoso, iluminada por el fulgor de los árboles que aún ardían por la explosión. Tenía más curvas que ángulos, y apenas iba cubierta con unos *shorts* negros y un top ajustado. Su pelo largo, moreno y rizado iba recogido en una coleta. A Rob se le paró el corazón. Si una chica podía ser su heroína, ella lo tenía todo para serlo. Era más atractiva que Frida, posiblemente más fuerte que Turner y, desde luego, mucho más que Jools. Aquella mujer apareció con la salvación en sus manos. Había ahuyentado a todo un escuadrón de esqueletos y a su comandante griefer, nada menos.

—Nos has salvado el trasero, desconocida —admitió Turner.

—¿C...cómo podemos agradecértelo? —tartamudeó Rob.

Frida frunció el ceño.

—No tan rápido. ¿Quién eres tú? ¿Cómo sabemos que no eres uno de ellos? —inquirió, retrocediendo mientras la mujer se acercaba.

—Me llamo Stormie. La original, no esa impostora que dice que ha estado en todas las fronteras del mundo pero apenas ha llegado a las colinas extremas.

A Rob se le erizó el vello de la nuca.

—¿Las colinas extremas? ¿Has estado allí?

—Varias veces —respondió Stormie.

Turner refunfuñó.

—He oído hablar de ti. Los de la taiga fría dicen que domaste un lobo sin un hueso. ¿Cómo lo hiciste?

Ella se rio.

—Calma, calma —dijo, dándole unas palmaditas en el tatuaje del bioma desierto que lucía en el bíceps—. No seas así. Una chica tiene que guardar sus secretos.

—Yo también he oído hablar de ti —dijo Frida, y luego sonrió—. Y la mayoría de las cosas no me las termino de creer.

Stormie se apretó el brazo.

—Lo entiendo. ¿Qué te parece esto para convencerte? —sacó algo de su morral y se lo lanzó a Frida, que lo atrapó con una mano.

Frida abrió los dedos y examinó el objeto. Una gran sonrisa cruzó su cara verduzca.

—¡Amiga mía! —exclamó.

Turner se acercó.

—Déjame ver —echó un ojo y se quedó boquiabierto—. ¡Vaya!

Había sido un día largo... e interesante, y Rob estaba agotado además de un poco molesto.

—¿Me puede explicar alguien lo que está pasando? —dijo.

Su tono deshizo las ensoñaciones de Frida.

—Perdona —se disculpó, mostrándole una cadena dorada. Se trataba de un colgante con una gema incrustada hecha con dos «D» juntas—. Es la marca del doctor Dirt —explicó, devolviéndole el colgante a la mujer.

—Todos sus esbirros lo llevan —explicó Stormie—. ¿Qué hacían luchando contra uno de los escuadrones de Dirt?

—Nos dirigimos a las llanuras por unos asuntitos —le dijo Frida—. Llevo un tiempo enfrentándome a pequeños grupos de guardias esqueletos en todas las fronteras, pero esto ha sido demasiado. ¿Y qué hacías tú?

—Lo mismo. —Stormie se sentó en el suelo con las piernas cruzadas—. Estoy hecha polvo. En serio, he cruzado varios biomas en los últimos días.

—Te agradecemos la ayuda —dijo Turner, sentándose con ella—. ¿Qué le has hecho a Lady Craven?

—Llevaba esas ridículas alas de hierro y se creía invencible. Le he tenido que bajar los humos con un cañón de dinamita.

—Muy buena —dijo Turner.

Frida siguió recogiendo los materiales que habían dejado los esqueletos, guardándolos en su inventario. Rob se quedó allí, admirando a Stormie con la boca abierta.

—¿Quién es esta monada? —le preguntó ella a Turner, que volvió a refunfuñar.

Frida se unió a ellos e inició las presentaciones. Después de un pequeño descanso, volvieron a ponerse en marcha.

—Será mejor que nos dirijamos al punto de encuentro —dijo Frida—. Un amigo nuestro nos está esperando en el refugio. Puedes venir si quieres.

—Estupendo. Normalmente tengo algún sitio adonde ir, pero esta noche puedo descansar un poco.

Partieron en la dirección por la que se había retirado el ejército enemigo, iluminados por el fuego que todavía ardía a lo lejos.

—¿Crees que ya podemos relajarnos? —preguntó Rob.

—Lo de relajarnos es relativo —respondió Stormie—. Toda retirada es de agradecer, pero Dirt tiene secuaces apostados en todas partes.

—Lo que nos da miedo es que terminen invadiendo todo el mundo —añadió Frida.

—Yo no lo dudaría —dijo Stormie—. Me los he encontrado en cada maldita frontera que recuerde haber cruzado.

—¿Y qué crees que pretenden? —preguntó Frida.

—Nada bueno. Me temo que ahora mismo haría falta un ejército entero para derrotarlos.

A Rob le costaba creer que aquella amazona sintiera miedo por algo, pero por lo que estaba diciendo, se hacía una idea del motivo.

—Esa es la clase de ejército que me gustaría liderar algún día —dijo en voz alta.

Turner se rio y Frida lo fulminó con la mirada.

—Esa es una ambición muy altruista, Rob —dijo Stormie—. Quizá serías un buen comandante.

Aquello avergonzó al vaquero, que jamás había liderado algo excepto el ganado.

—Bueno, yo...

Mientras los demás discutían la complicación de un cargo así, Rob no pudo evitar pensar que si alguien podía hacer frente a los malvados griefers, ese era su grupo: Frida era sigilosa, resuelta y perspicaz; Turner era fuerte, valiente y un auténtico cretino (algo que, sin duda, funcionaría bien en la ofensiva); y Stormie..., bueno, era el tipo de soldado con el que todo comandante sueña.

Pero un equipo tan independiente jamás escucharía a un vaquero pacifista como él. ¿O quizá sí?

Los cuatro prosiguieron su camino por el campo de batalla y llegaron al río seco sin mayor incidente. Desde allí vieron la hoguera que había hecho Jools y escucharon a *Beckett* recibiéndolos. Cruzaron la hondonada y llamaron a Jools para que no se alarmara y empezara a lanzarles pociones.

El pescador también había escuchado historias sobre su nueva aliada.

—Dejaste unas bragas como estandarte en la frontera del mundo, ¿verdad? ¿O fue la otra Stormie?

—¡Fui yo! —dijo riendo—. Como siempre, aprovechándose de mis anécdotas... y de mis bragas... —comentó sonriendo a Jools con dulzura—. ¿Y tú a qué te dedicas?

El carisma de Stormie rompió su fachada de misterio.

—Soy asesor —le dijo—. Alguien se topa con un problema, yo lo desgloso en pedacitos y lo analizo, y luego me gano una fortuna si encuentro al cliente adecuado.

—Pues vaya, así no puedes liquidar a una horda de zombis —gruñó Turner—. ¿Dónde estabas cuando nos atacó el ejército de Lady Craven?

Jools se reclinó, impasible.

—Aquí mismo, estrujándome el cerebro. Eso es lo que me ha mantenido la cabeza pegada al cuello hasta ahora.

—Jools usó una poción de invisibilidad para moverse con su caballo hasta un lugar seguro —le explicó Rob a Stormie—. Ha sido muy inteligente.

—Sí, bueno, con inteligencia...

Jools levantó las manos.

—Lo sé, lo sé, Turner. Con inteligencia no matas un ejército de nada. —Se acercó al fuego y sacó unos muslos de pollo, que fue pasando a todo el grupo—. Matar monstruos no es lo mío —continuó—. Lo mío es descubrir cómo matarlos.

Stormie levantó una ceja.

—Un estratega. De eso no tenemos. Podría ser valioso en una guerra.

Jools sonrió.

—Está bien que lo valoren a uno.

CAPÍTULO 5

Para el grupo de viajeros, tener una buena remesa de flechas resultaba tan reconfortante como un buen tazón de leche caliente. Con los árboles de la lejanía ardiendo como antorchas y le campo abierto a su alrededor, el equipo se sintió a salvo de otros ataques y durmió bien aquella noche.

Rob fue el primero en despertarse. Se levantó de su saco de lana sintiéndose casi normal. En cuanto el alba empezó a perforar las nubes rosadas, pudo oír el suave masticar de un caballo que pastaba. Era como en los viejos tiempos. Sin contar la compañía actual, claro.

Frida estaba acostada cerca de la hoguera apagada, roncando suavemente. Jools estaba no muy lejos, tirado sobre un lecho de girasoles. Turner estaba acurrucado en posición fetal, agarrando su casco como si fuera un osito de peluche. Y Stormie...

... estaba despierta. Sorprendió a Rob mirándola y le guiñó un ojo.

—¿Cuál es el plan para hoy, Capitán? —le preguntó mientras se levantaba.

Rob se puso rojo como un tomate.

—Vamos a buscar algunos caballos y también a comerciar con los aldeanos. No estoy seguro de qué haremos primero.

—Tú da la orden —señaló a los demás, que dormían—. Ellos te seguirán.

—Si tengo que elegir, primero los caballos y luego el mercado.

—¡Pues vamos por los caballos!

—¿Vienes con nosotros?

Stormie asintió.

Rob no se podía creer la suerte que tenía. Estaba seguro de que Stormie terminaría siendo una buena compañera en momentos difíciles. «Competente» podría haber sido su segundo nombre.

Los demás empezaron a despertarse. Tras echar una mirada a Stormie, Rob empezó a dar órdenes. Frida, comprueba la hoguera por si podemos usar algo de carbón. Jools, asegúrate de que *Beckett* no está hambriento, será nuestro explorador. Y Turner, deja de abrazar ese casco y recoge ya, ¡es hora de irse!

—¿Quién se ha muerto y lo ha nombrado jefe? —murmuró el mercenario, sentándose y poniéndose el casco de nuevo en la cabeza mientras los demás se ponían manos a la obra.

—Chicos —dijo Rob—, cuando se trata de caballos, yo soy su hombre.

Turner bostezó y se tumbó de nuevo.

—Me parece que deberíamos ir primero a la aldea para relajarnos un poco.

Rob le dio con el pie.

—Esto no es ninguna tontería. Conseguir un caballo podría salvarte el pellejo algún día.

—Me las arreglaré bien por mi cuenta.

—Qué curioso. Ayer estabas bastante de acuerdo con el plan cuando te enteraste de que llegaban los enemigos —respondió mientras recogía su saco—. Por lo que vi durante el combate, un grupo montado que trabajara unido habría conseguido grandes resultados.

—¿Te refieres a una caballería? —preguntó Stormie.

—Sí. Avanzando, retirándose, compartiendo información. Sus armas serían muchísimo más efectivas montados a caballo. —Jools, Frida y Turner empezaron a prestar atención—. He leído mucho sobre el tema e incluso he practicado algunos movimientos. Es una especie de afición que tengo.

—¿Te refieres a recreaciones de batallas? —dijo Turner, con más interés incluso.

—Sí. Aunque jamás pensé que lo usaría en una batalla real.

—Yo secundo la moción —dijo Jools—. No soy muy de ponerme en primera fila, pero soy su hombre en el tablero de batalla —se ofreció.

—¿Me enseñarás a montar? —preguntó Frida—. Siempre he querido intentarlo.

—Claro —respondió Rob—. ¿Ustedes han montado alguna vez? —le preguntó a Stormie y a Turner, quienes negaron con la cabeza.

—Eso no importa —dijo Turner con seguridad—, yo aprendo lo que sea.

—Lo mismo digo —dijo Stormie.

Rob envidió su confianza.

—Bueno, no pongamos la carreta delante de los bueyes. Primero tenemos que conseguir las monturas.

Jools y *Beckett* llevaron al grupo por las llanuras hasta el lugar donde el estratega había visto la manada salvaje.

—Es posible que los demás caballos se espanten menos si ven a *Beckett* delante —les explicó Rob.

Para matar el tiempo, Stormie los entretuvo con historias de sus aventuras. Parecía haber visitado todos los rincones del mundo y, si estaba contando la verdad, se había encontrado con todos los monstruos y había sobrevivido para contarlo.

—No lo entiendo —dijo Turner, perplejo—. ¿Cómo te ganas la vida yendo de aquí para allá y jugándote la vida todo el tiempo?

Frida le dio un codazo.

—No todo funciona con dinero, Musculitos. Hay gente que vive la vida.

—Y que además hace dinero —confesó Stormie—. Siempre exploro las zonas por las que paso. Depósitos minerales, buenas granjas, terrenos que es mejor evitar...

—Cualquiera que preste atención ve esas cosas —comentó Turner—. ¿Quién saca esmeraldas de cosas que sabe todo el mundo?

Stormie sacó un pergamino de su inventario.

—Se llama «mapa», Musculitos, y son bastante caros.

Jools paró a *Beckett* y todos se reunieron a su alrededor para ver el mapa que había dibujado.

Frida arqueó sus cejas verdes, sorprendida.

—Eso sí que es útil. ¿Ves esa equis, Turner? Significa «estás aquí».

Turner refunfuñó de nuevo.

—Ya sé cómo funcionan los mapas —dijo pasando página con los dedos—. Y tú no me llames Musculitos —dijo fulminando a Stormie con la mirada.

—De acuerdo, Musculitos.

Turner dio un pisotón como protesta. Luego siguieron avanzando.

Por el camino, Frida usó unas cizallas que había traído para cortar la hierba. De vez en cuando daba un pequeño grito de victoria y recogía algunas semillas, que guardaba en su inventario.

—Si vamos a cuidar de los caballos, tendremos que darles algo de comer.

—Bien pensado —dijo Rob.

Pararon en una charca para darle de beber a *Beckett*. El palomino se metió entero, empapando a su jinete hasta el pecho. Jools se rio por la situación. Aunque esquivo cuando estaba con la gente, estaba claro que amaba a su caballo.

Mientras *Beckett* se recreaba en el agua, el grupo escuchó un estruendo que se hacía cada vez más alto.

—¿Truenos? —preguntó Frida.

Stormie miró al cielo.

—¿Sin lluvia ni relámpagos?

En ese momento, un conjunto de animales se dirigió hacia el grupo, con las crines y las colas ondeando al viento. *Beckett* los llamó con su agudo relincho. Debió de decirles algo bueno, porque la manada se acercó al galope y se paró a la orilla de la charca.

La manada estuvo dando vueltas un rato hasta que apareció un caballo negro, que se acercó primero al agua y empezó a beber. El resto hizo lo propio, bebiendo a placer hasta que el caballo negro se puso en guardia.

—Ese es mío —susurró Turner.

—Es el jefe —dijo Rob—. Los demás actúan según sus órdenes.

—Entonces es el que debemos domar primero —señaló Jools. Sacó algunas tablas y palos de su inventario y empezó a hacer unas vallas, que colocó formando un corral. Le pasó un palo a Stormie y le hizo quedarse en la entrada para hacer una puerta cuando atrajeran un caballo al interior.

—¡Yo primero! —insistió Turner.

La manada salvaje había terminado de beber y se quedó pastando cerca de la charca. Turner se acercó al caballo negro y, sin muchas presentaciones, se subió encima. Se agarró a un mechón de crin negra y dijo:

—¡Arre!

Medio segundo después, contemplaba a sus amigos desde el suelo, esperando a que se aclarara su visión.

—Pero ¿qué...?

Jools sonrió con malicia.

—Quizá será mejor que pruebes tú con ese, Rob.

Rob había estado estudiando al jefe de la manada, un semental negro con una estrella blanca en la frente y pelaje blanco en las patas traseras. Le recordó a su fiel caballo en casa, *Pistol*: inteligente, fiable y reacio a seguir las órdenes de una criatura inferior.

—¿Alguien tiene un poco de azúcar? —preguntó.

—Siempre. —Jools le pasó un terrón.

Rob entró en el corral con el azúcar y se sentó en el suelo, de espaldas al caballo negro. Empezó a tararear de manera poco melodiosa.

Turner se cruzó de brazos, seguro de que el vaquero se rendiría antes de empezar siquiera. Sin embargo, Frida y Jools entendieron qué pretendía y dieron la vuelta a la valla, colocándose en posiciones cruzadas para mirar. Stormie seguía preparada en la entrada.

Al principio, el caballo negro no les prestó atención y siguió ahuyentando a los demás animales cuando se acercaban demasiado a su lugar de comer. Pero en cuanto Rob empezó a juguetear con el terrón de azúcar en su mano, captó enseguida su atención. Poco a poco, la distancia entre los dos se fue acortando mientras el caballo negro se acercaba furtivamente al corral, luego pasando la entrada, y finalmente a la espalda de Rob.

Rob pudo sentir cómo respiraba sobre su nuca.

—¡Ahora! —gritó, y Stormie cerró la puerta.

El caballo evaluó enseguida la situación, pasando la mirada de la valla al terrón en la mano de Rob. Tras decidirse, se agachó hacia Rob, se llevó el terrón y corrió hacia la valla, que saltó sin problemas. El semental se reunió con la manada y volvió a pastar como si nada hubiera ocurrido.

Todos exclamaron un gruñido de decepción. Turner se rascó la cabeza y dijo:

—Esto es más complicado de lo que pensaba.

Sin embargo, Rob no se movió. Él también actuó como si no hubiera ocurrido nada. Continuó canturreando y fingió juguetear con otro terrón en su mano.

Al poco tiempo, el caballo negro levantó la cabeza para observar al vaquero en el corral. El animal sintió curiosidad y al final, para sorpresa de todos, empezó a correr para saltar adentro del recinto y acercarse al extraño.

Rob mostró la mano abierta para enseñarle que no tenía nada. Al momento, ya estaba montado en el caballo.

Todos contuvieron la respiración, esperando a que el animal reaccionara.

Rob chasqueó la lengua y apretó con las piernas los costados del caballo, que empezó a dirigirse dócilmente hacia el exterior.

—¡Impresionante! —dijo Jools—. Es raro que se dejen domar así.

«No conmigo», pensó Rob, haciendo como si saludara con un sombrero. Incluso sin él, era un auténtico vaquero.

El resto de la sesión no fue demasiado bien. Aunque lograron atraer a tres caballos más usando al semental negro, al que Rob llamó *Saber*, domarlos no resultó tan fácil. Se quedaron sin azúcar y las dos yeguas y el joven potro que habían elegido no estaban interesados en que los montaran sin recibir primero alguna clase de compensación.

Stormie fue rechazada por una yegua de color chocolate tres veces seguidas. Turner intentó subirse a un caballo tras otro, acabando en el suelo cada una de las veces. Frida estuvo a punto de recibir una coz, y no logró subirse a ningún caballo. Rob seguía montado en *Saber* haciendo sugerencias, y Jools dio también varios consejos desde la silla de *Beckett*, pero no fueron de ayuda. En cualquier caso, el grupo no tiró la toalla por frustrante que se volviera la situación.

—Lo que necesito es una silla —dijo Turner, desplomándose en el duro suelo después de su tercer intento—. Algo con una de esas asideras para agarrarse.

—Pero estamos en medio de la nada. ¿Cómo vamos a encontrar una silla? —preguntó Rob.

—Podríamos pescar una —sugirió Jools—. Aunque no creo que sea un método muy eficiente.

—Yo tengo una —dijo una voz desconocida.

Rob, Turner, Jools, Frida y Stormie dieron un respingo, sorprendidos de que alguien se hubiera acercado a ellos sin que lo notaran. *Beckett* no había relinchado. *Saber* ni siquiera había movido la cola.

Observando desde lo alto de la valla se encontraba una chica delgada de piel rosada con el pelo oscuro brillante y un arete de oro.

—¿Quién eres tú? —inquirió Turner.

—¿Y qué haces con una silla? —añadió Frida al ver que ningún caballo acompañaba a la chica.

—Me llamo Kim —dijo sonriendo—. ¿Cómo puedo ayudarlos?

Jools la observó sentado en *Beckett*.

—Dudo que puedas ayudarnos, ni siquiera con una silla —dijo moviendo la mano como si espantara una mosca.

—¿Están intentando domarlos? Déjenme intentarlo.

Sin esperar invitación ninguna, saltó la valla y entró en el recinto. Silbó y tanto la yegua como el potro castaños con las mismas marcas se acercaron a ella. Con un salto, se subió sobre ambos, con un pie en cada caballo. En pocos segundos, la joven ya estaba montándolos al galope dando vueltas como si fuera el rodeo de un circo.

Tras ordenar a los caballos que corrieran pegados en círculos, Kim levantó los brazos hacia delante y realizó un salto con voltereta para caer al suelo.

Jools aplaudió lentamente. Frida, Stormie y Rob se unieron enseguida a los vítores.

—¿Cómo hace eso? —murmuró Turner, cruzando los brazos.

—Sí, ¿dónde has aprendido a montar así? —le preguntó Rob.

—Aprendí observando —contestó ella. Luego se alejó y abrió la puerta del corral, dejando que los tres caballos escaparan para volver a la manada.

—¡¿Por qué has hecho eso?! —gritó Turner—. ¡Nos ha costado medio día meterlos ahí!

Kim se giró hacia él con una sonrisa mordaz.

—Volverán —dijo con una pausa—. Son míos.

Resultó que la encantadora de caballos, conocida como Kim, era una criadora profesional.

—Tengo mi casa cerca de aquí —dijo—. Me quedan algunas sillas de sobra que pueden usar... o cambiar. De hecho, tengo tres caballos ya domesticados que están listos para ensillar.

—¿Cuánto pides? —dijo Stormie, claramente impresionada.

—Bueno, ya tengo bastantes esmeraldas —dijo Kim, pensando—. Lo que me haría falta de verdad es algo de ayuda con el heno.

—¿Estás hablando de trabajo? —tradujo Turner.

—¿Trabajo físico? —dijo Jools arrugando la nariz—. Yo ya tengo mi propio caballo.

—Siempre puedes montar otro. Tengo algunos perfectos para carreras. —Kim era buena negociando.

—Los prefiero lentos —dijo Jools, dando unas palmaditas al morro de *Beckett*.

—Pues yo no —espetó Turner—. Vamos a verlos.

Las dos chicas miraron a Rob.

—Vamos —respondió este—. Seguro que Kim tiene alguno perfecto para ustedes. —Tanto él como Jools desmontaron de sus caballos para dejarlos descansar—.

Supongo que tendré que buscar algo para cambiar por *Saber*.

—Tranquilo —le dijo Kim—. Nunca he conseguido acercarme lo suficiente para domarlo. Te lo has ganado limpiamente.

Juntos partieron hacia el rancho de Kim. Rob se sentía en la cima del mundo.

Kim se colocó entre Stormie y Frida.

—Si no es indiscreción, ¿por qué quieren tanto los caballos? No parecen de los que montan.

—Tienes razón —dijo Frida—. No es para sacarlos de paseo.

Stormie señaló a Rob.

—Nuestro amigo nos va ayudar a formar una caballería. Tenemos que ocuparnos de unos asuntos.

Kim clavó sus ojos en ella.

—¿Asuntos con zombis?

—No. Tenemos una cita con el doctor Dirt para volver a viajar libremente por el mundo. Es él de quien tenemos que encargarnos.

Kim asintió.

—He oído que tiene ejércitos por todo el mapa, por eso me he quedado aquí en las llanuras. Tengo prácticamente todo lo que necesito. He plantado mi propio trigo, heno y verduras, y puedo conseguir casi todo lo demás en la aldea.

Turner se acercó a su lado.

—Has dicho «casi». ¿Qué es lo que te falta?

La joven de piel rosada hizo una breve pausa.

—Pues... no estoy segura. De vez en cuando, siento como si ahí fuera hubiera algo que me llamara.

Rob se sintió identificado con ella.

—Sé lo que quieres decir —comentó—. Yo mismo estoy viajando hacia las colinas extremas, aunque jamás he estado allí. Es una larga historia.

—Tenemos tiempo —dijo Kim.

Le explicaron el aprieto de Rob y el peligro al que tanto él como los demás se habían enfrentado ya al empezar su aventura. Stormie había aceptado acompañarlos como guía ya que contaba con mapas y conocía el terreno. Pero todos eran conscientes de que había que acabar con el dominio del doctor Dirt si querían cruzar las fronteras con seguridad.

Kim se mantuvo en silencio mientras le explicaban los detalles. Cuando su rancho estuvo por fin a la vista, a unos cincuenta bloques de distancia, miró a Rob por encima del hombro y le dijo:

—¿Puedo preguntarte algo? ¿Te molesta si me uno a tu compañía?

—Claro que no, aunque no es mi compañía —tartamudeó—. Puedes venir con nosotros si quieres, siempre está bien una mano de más. Pero ¿por qué quieres venir?

—¿Cómo que por qué? —dijo, como si la respuesta fuera evidente—. Pues para salvar el mundo, tonto.

CAPÍTULO 6

En la granja, Rob se sentía como un niño en una tienda de caramelos. Las yeguas, los sementales, los potros y las potrillas de todos los tamaños y colores se paseaban, retozaban y se acercaban a la valla para recibir a los visitantes. Kim conocía las personalidades y habilidades de cada caballo, al igual que Rob conocía las de sus amigos. Juntos fueron probando opciones hasta que Frida, Stormie y Turner consiguieron monturas adecuadas.

Entonces llegó el momento de la primera lección. Kim sacó una silla y le enseñó a Turner cómo colocarla. A Stormie y Frida les dijo:

—Ustedes pueden conseguir sillas en la aldea, y Rob también, si quiere una. Por el momento, parecen bastante estables montando a pelo, siempre que no vayamos más rápidos que al trote.

Kim les ayudó a montar y les enseñó a poner los brazos a los lados para encontrar el centro de equilibrio. Stormie se subió a un *american paint* de colores blanco y negro mientras que Frida consiguió un poni de color negro brillante con una grupa moteada. Turner se tambaleaba en la silla sobre un semental gris que Kim le había elegido, un cuarto de milla muy sólido que tenía más pectorales y corpulencia que el resto de caballos juntos.

—Aquí no hay nada donde agarrarse —se quejó Turner por la falta de asidera.

—No vamos a trabajar con ganado —dijo Rob—. Además, ¿cómo piensas disparar flechas a la carrera si te estás agarrando de algo?

—De hecho —interrumpió Kim—, quiero que empiecen a montar sin agarrarse. Aprendan a sostenerse con las piernas.

—¿Y tu caballo? —preguntó Jools, que se encontraba junto a *Beckett* dándole algunas manzanas que Kim que le había ofrecido.

—No, yo no monto —dijo—. Me suelo teletransportar a donde necesite, solo les he estado haciendo compañía mientras veníamos.

«Interesante», pensó Rob. Quedándose en el suelo (o merodeando un poco por encima) le daba la oportunidad de estudiar el comportamiento de cada caballo. «Los conoce muy bien.»

El grupo pasó algún tiempo acostumbrándose a sus caballos mientras daban vueltas al paso, y luego, al trote. Turner se sorprendió de poder mantenerse erguido sobre su caballo, *Duff*, mientras este aceleraba y adelantaba a los demás.

—Es rápido pero suave —explicó Kim. Hizo comentarios similares sobre *Armor* y *Ocelot*, los caballos que las chicas estaban montando. *Armor* era el más valiente, pero *Ocelot* podía maniobrar como... bueno, como un ocelote. Y ya sabían que *Saber* era un gran saltador.

A Rob le gustaba la mezcla de talentos de aquella manada, muy similar a las habilidades de sus contrapartes humanas. Se le ocurrió que trabajando juntos formarían un equipo formidable.

—Muy bien, tropa —dijo Kim—. Ahora, si dejan un rato los caballos, pueden ayudarme con el heno y así estaremos en paz.

Ni siquiera Turner podía discutir la idea de saldar una deuda que ya le estaba reportando beneficios. Pensó que frotando los hombros de *Duff*, el caballo respondería con un gesto amigable.

—Vamos a llevarnos muy bien, colega —dijo, dándole unas palmaditas en el costado.

El sol pasó su punto más alto mientras el grupo terminaba de preparar el último bloque de heno y lo dejaba en el gran establo de Kim. Rob observó que había construido todos los anexos de manera bastante sólida y que incluso había encontrado tiempo para añadir detalles como macetas e incrustaciones de esmeraldas. Si no tuviera tantas ganas de volver a su propio rancho, no le habría molestado quedarse allí, quizá para siempre.

Pero el deber llamaba.

—Será mejor que vayamos al pueblo —dijo.

Kim se quedó satisfecha con la habilidad que todos habían adquirido para montar sus caballos, así que los dejó ir y cruzaron las llanuras en dirección a la aldea. Kim saltaba en cámara lenta, teletransportándose delante o detrás de ellos. Los caballos parecían estar acostumbrados a sus apariciones y no prestaron atención.

Pronto llegaron a los muros de piedra de la aldea, que estaban desprotegidos, y pasaron por debajo de un gran arco. En la calle principal se aglutinaba una buena cantidad de tiendas y puestos. Los aldeanos se paraban a observar a los recién llegados. Kim parecía ser bastante popular.

—¿Son amigos tuyos? —le preguntó un vendedor de melones al teletransportarse cerca.

—¡Encantada de verte! —le dijo una mujer mayor que estaba limpiando un camino de adoquines. Incluso el gólem guardián le ofreció un saludo. Kim asentía y saludaba con la mano.

Se detuvieron frente a la carnicería y ataron a sus caballos.

—Nos reuniremos aquí —dijo Kim. Las chicas fueron a la curtiduría mientras que los hombres visitaron la herrería.

Dentro de la forja, el calor de la fragua estuvo a punto de ahuyentar a Jools, Turner y Rob. Una mujer fornida de piel rojiza los recibió con un martillo en una mano y una herradura en la otra.

—Soy Sundra —dijo—. Sean bienvenidos. Los atiendo en un momento. —Terminó de calzar a una mula que había en un rincón, con un pelaje castaño que brillaba a la luz del horno—. ¿Qué puedo hacer por ustedes? —preguntó.

—Yo quiero un poco de obsidiana —dijo Jools.

—Yo he venido por una espada de hierro y un casco —dijo Rob, pensando que lo último sería lo siguiente mejor después de un sombrero vaquero.

Turner clavó un dedo en su casco de cota de malla.

—Se me ha hecho un agujero aquí y necesito arreglarlo —dijo.

Sundra atendió sus peticiones y ellos le pagaron con esmeraldas. Kim le había dado unas cuantas a Rob, que lo compensó ayudándolo con el heno pese a que no tenía que hacerlo porque se había ganado a *Saber*.

Sundra sonrió mostrando una fila de dientes de oro.

—¿Y qué hacen unos jovencitos tan guapos como ustedes por la aldea?

Jools y Rob se atragantaron por la sorpresa. Turner se atusó un poco el pelo y respondió:

—Lo cierto es que estamos en una misión para conseguir algo de información.

—¿Tiene idea de si las criaturas del doctor Dirt se pasan por la zona? —preguntó Rob.

—¿Idea? Lo sé muy bien —lo corrigió—. Hemos tenido que poner vigilancia nocturna en el perímetro. Nuestro gólem de hierro solo se ocupa de la entrada, pero los esqueletos de Dirt llegaron a usar escaleras para pasar los muros una noche. Se llevaron a tres aldeanos y un cerdo.

—Increíble... —murmuró Turner.

—Así que también actúa fuera de las fronteras de los biomas —apuntó Jools—. Se está poniendo más serio.

Rob se colocó su nuevo casco de hierro en la cabeza.

—Nosotros también.

Jools y Rob terminaron sus compras y quisieron explorar la aldea.

—Yo me quedo por aquí —dijo Turner, señalando la forja—. Puede que descubra algo interesante. —Sundra pestañeó repetidamente mientras se apoyaba en el mostrador con complicidad.

Sus compañeros se encogieron de hombros y salieron al exterior.

Mientras tanto, Kim llevó a las chicas a la curtiduría.

—Aswan es un maestro del cuero —dijo—. Por no hablar de su interesante mercado negro. Tiene todo lo que no se puede encontrar en otras partes. O al menos, conoce a alguien que lo tenga.

—¡Kim, querida! —llamó el artesano de delantal blanco al ver a la encantadora de caballos.

—Aswan, estas son mis amigas Stormie y Frida.

Las saludó con vehemencia.

—Si no estuviera enamorado ya de ti, tendrías buena competencia.

Stormie y Frida se miraron la una a la otra, contentas por los cumplidos.

—¿Están de fiesta? —preguntó Aswan con esperanza.

—Hemos venido por negocios —dijo Kim, mirando a Stormie—. Ella quiere unas botas de cuero, y Frida necesita unas mallas.

Aswan se quedó claramente decepcionado, pero era un profesional.

—Dejen que les tome las medidas, chicas.

Mientras disfrutaba de las ventajas de su trabajo, Kim le contó que el grupo le había comprado unos caballos y que necesitaba tres sillas.

—Tengo algunas estupendas —dijo—, pero son un poco caras. Diez esmeraldas cada una. —Dejó su cinta y anotó las medidas.

Stormie buscó en su bolsa y sacó el colgante de gemas que Lady Craven había dejado.

—¿Qué tal esto por todo? —dijo.

Frida le echó una mirada.

—¿Vas a pagar con eso?

—Hay más de donde vino —dijo Stormie.

A Aswan le brillaron los ojos. Se sacudió las manos en el delantal y agarró el colgante.

—¡No tan rápido! —dijo Stormie alejando el colgante—. Necesitamos algo más si quieres que paguemos con esto.

Aswan apretó los ojos.

—¿De qué se trata?

—Información —respondió Stormie, sabiendo que cualquier curtidor de cuero estaría al tanto de los rumores locales.

—Creo que podemos cerrar el trato —dijo Aswan con una gran sonrisa mientras agarraba el colgante.

Las invitó a sentarse en su estudio, donde cortaba y cosía el cuero. Mientras trabaja en sus artículos, les explicó lo que sabía sobre los recientes movimientos del doctor Dirt.

—Tengo las orejas bien abiertas y conozco a mucha gente —dijo—. Todos los comerciantes que han venido de fuera de las llanuras se han encontrado con alguno de los esbirros de Dirt. En las fronteras de la jungla, el bosque, la taiga... —dijo contando con los dedos—. Las montañas, el océano... —Se quedó sin dedos—. Está esparciendo su ejército como si fuera una plaga.

Una vez fuera con las compras, Kim se giró hacia Stormie.

—La cosa no pinta muy bien, ¿verdad?

—Toda información es buena —comentó Stormie—. Necesitaremos algún lugar para entrenar, un sitio que sea medio seguro y que podamos defender. —Sacó su mapa y se reunieron alrededor para consultarlo.

—Deberíamos ir a donde haya espacio y comida para los caballos —dijo Kim.

Frida señaló a un punto.

—¿Están pensando lo mismo que yo?

—¡La Mesa Bryce! —dijeron todas a la vez.

—La Mesa está lo bastante aislada para pasar desapercibida... —empezó Stormie.

—... pero está bien fortificada —terminó Frida—. Se encuentra en esta cuenca natural.

—Y hay agua para los caballos —añadió Kim, señalando el zigzag azul—. También hay buenas extensiones de arena roja. Jools estará contento. La arena roja es perfecta para plantar cañas de azúcar, así que tendrá contento a *Beckett*.

Frida frunció el ceño.

—Aunque mis semillas de hierba no crecerán en esa arena ni en la arcilla dura.

—No te preocupes —dijo Stormie—. Podemos cortar un montón de hierba de la sabana que hay al norte. —Levantó las manos y las chocó con las de Kim—. ¡Vamos a contárselo a los chicos!

Se reunieron todos en la carnicería, donde llenaron sus inventarios con chuletas de cerdo y pechugas de pollo, con la intención de ponerlas en conserva o de secarlas para que aguantaran durante un tiempo. Luego pararon en la biblioteca, donde Kim cambió algunas esmeraldas por una brújula que los ayudara a viajar por tierras desconocidas.

Todos estuvieron de acuerdo con que Bryce sería el escondite ideal para mejorar sus habilidades de montura antes de enfrentarse al ejército del doctor Dirt. La frontera sur lindaba con las colinas extremas, el objetivo final de Rob.

—Aunque es una lástima que esté tan lejos de la aldea —lamentó Turner—. No me molestaría ver más a Sundra.

Jools se acordó de la fornida herrera.

—Tranquilo..., aguantará... —dijo.

—Ay, el amor... —se burló Rob.

—¡Así consigues buenas gangas! —Turner mostró las perneras de cota de malla que le había regalado—. Van a juego con mi casco.

—Un recuerdo precioso, colega —comentó Jools.

Frida no se mostró impresionada.

—Vamos, ya es hora de irnos. Está cayendo el sol.

El cielo se estaba volviendo rojizo al oeste y tendrían que aprovechar bien el tiempo para levantar un refugio antes de que se hiciera de noche. Sin embargo, al poco de montar y llegar a la entrada de la aldea, vieron una nube de polvo que cruzaba las llanuras en su dirección.

—¿Qué es eso? —dijo Rob. *Saber* notó la preocupación de Rob y levantó la cabeza, intentando descubrir qué, o quién, se estaba acercando—. Kim, sube. —El vaquero subió a Kim a su nueva silla para que estuviera más segura.

—¡Griefers! —avisó un grito desde lo alto del muro—. ¡Vienen con criaturas! ¡Cierren el portón!

Los seis amigos se miraron los unos a los otros, comprendiendo que se iban a quedar fuera para enfrentarse al peligro que se aproximaba. Rob dio la vuelta a *Saber* y gritó:

—Hay que volver adentro... ¡Agárrate, Turner! —*Saber* galopó de vuelta al muro y el resto de caballos lo siguieron. Rob no tenía motivos para preocuparse: en cuanto pasaron por el portón, el caballo de Turner, *Duff*, se puso a la cabeza manteniendo el equilibrio de su inquieto jinete para que no cayera al suelo.

—¡Giren a la izquierda para ir al local de Aswan! —ordenó Kim—. Tiene un refugio de piedra lo bastante grande para los caballos.

No había que dejar que los griefers supieran de los caballos antes de lo necesario. Eran la baza principal del grupo, un arma que pronto les daría la ventaja en combate.

Aswan los vio llegar y les hizo señales para entrar en su santuario, ya iluminado por las antorchas.

—¿Esperabas visita? —le preguntó Kim con énfasis.

—Justo a esta hora todas las noches —respondió.

Turner se alteró de pronto.

—¿Es que vamos a escondernos?

—No hay que llamar la atención —explicó Kim.

—Es un buen consejo —coincidió Jools.

—¡No para mí! —dijo Turner mientras salía.

Frida lo vio sacar la espada y luego miró a Rob. No podía dejar que se fuera solo.

—Voy a cubrirlo —dijo, y corrió tras él.

Aswan cerró la puerta de hierro y todos se quedaron en el refugio, esperando lo peor.

Pronto sonó un gran estruendo, que casi ahogaba el ruido de los huesos repiqueteando y el choque de las flechas rebotando en el portón de la aldea. De vez en cuando, oían el grito de algún aldeano y el golpe tras su caída.

—¡Qué horror! —se quejó Rob—. ¿No hay nada que podamos hacer para ayudarlos?

—Sí —dijo Stormie agachando la cabeza—. Vivir para luchar otro día.

Rob sabía que estaba en lo cierto. No estaban preparados y el grupo se había dividido. No pudo hacer más que preocuparse por Turner y Frida. Eran dos de los luchadores más duros que había conocido, pero les superaban en número.

—Estarán bien —murmuró Kim, leyéndole la mente a Rob.

Tras lo que pareció un siglo, aunque apenas fueron unos minutos, escucharon golpes en la puerta de Aswan. ¡Griefers!

—¡Abran! —dijo la voz de Turner.

Aswan miró a Kim, que asintió con la cabeza. Abrió un poco la puerta y Turner empujó a Frida al interior. Se desplomaron en el suelo, jadeando, mientras Aswan volvía a cerrar.

—¿Qué está pasando? —preguntó Stormie.

—Griefers —jadeó Turner.

Frida intentó levantarse.

—¡Griefers en caballos esqueleto!

El grupo recibió la noticia con horror.

—Esas cosas son complicadas de matar —bufó Turner.

Frida recuperó el aliento.

—Solo puedes dispararles una vez. Al menos, los caballos no pueden ir protegidos.

—Pero pensaba que se quedaban en las fronteras de los biomas. ¿Por qué están atacando la aldea? —preguntó Kim.

Justo entonces, una voz resonó por las calles con un tono alto y confiado.

—¡Habitantes... de esta... aldea! Yo, el doctor Dirt, reclamo sus pertenencias... para mi ejército. ¡Dejen todo en el portón y puede que no los queme vivos!

—A mí no me toca el inventario —juró Turner.

—¡Shh! —Stormie le puso una mano en el hombro—. No sabe que estamos aquí.

Rob sintió una gran miseria al escuchar cómo los aldeanos se veían obligados a entregar sus bienes. Aswan se sentó en silencio junto a sus invitados, pero mostró señales de angustia por esconderse mientras sus vecinos sufrían de ese modo.

Cuando por fin cesó el ruido y oyeron el portón cerrarse una vez más, el curtidor abrió la puerta y miró por la rendija.

Ahora podían oír de forma más clara, incluso, la aguda voz que llenaba la noche:

—Se... han... portado bien..., aldeanos. ¡Así... me... gusta! —Entonces oyeron una lluvia de flechas sobre las calles, seguida de un crepitar. La risotada cruel del doctor Dirt estalló como fuegos artificiales—. Pero... los quemaré... igualmente. ¡Lo siento..., estúpidos!

El brillo que se vio a continuación no era ningún mero juego de luces. ¡Todos los edificios de madera de la aldea estaban ardiendo!

Los seis amigos y su anfitrión salieron de la sala de piedra dejando a los caballos a salvo en su interior. Incluso Jools echó una mano. Se unieron a los aldeanos para combatir el fuego, golpeando bloques, apagándolos y formando una cadena humana para transportar cubos de agua. Hombres y mujeres gritaban y corrían para salvar las pocas pertenencias que les quedaban. El humo llenaba las calles. Poco a poco, el fuego se fue conteniendo hasta que lograron extinguirlo.

Los supervivientes deambulaban aturdidos, recogiendo escombros y preguntando a los demás si se encontraban bien. Un montón de lingotes de hierro y de amapolas muertas indicaban que el gólem de hierro había sido neutralizado en el portón.

—Será mejor que pasen la noche aquí —sugirió Aswan, coqueteando apenas un poco. Kim aceptó agradecida por el grupo.

Cuando se sentaron en el suelo con sus caballos, Rob intentó buscarle un lado positivo a la situación.

—No puede haber un momento mejor para formar una unidad de caballería —dijo, y Stormie asintió.

Turner gruñó.

—Pues si te digo la verdad, yo ya no estoy tan convencido. Esos jinetes de esqueletos son demasiado para mí.

Frida frunció el ceño.

—Ha subido la apuesta, ¿verdad?

Jools se limpió con la mano la cara llena de hollín.

—Quizá deberíamos rendirnos ahora que podemos...

—¡Espabílense ya, gallinas! —los regañó Kim—. Esqueletos o no, siguen siendo caballos. Con la estrategia correcta, podemos ocuparnos de ellos. Puede que incluso nos podamos aprovechar de su poder.

—¡Hum! —refunfuñó Turner, no muy convencido.

—Yo tengo que pensar en *Beckett*... —dijo Jools, yendo con su caballo para acariciarle el cuello.

—¡Chicos! —gritó Stormie levantándose detrás de Rob—. Estoy segura de que nuestro capitán encontrará una forma de enfrentarnos a ellos.

Rob agradeció su confianza, pero incluso él se sentía desesperado. «¿Griefers en caballos esqueleto? Aldeas ardiendo, fronteras tomadas...» No había leído nada sobre eso en los viejos manuales de caballería que había estudiado. Necesitarían algo más que sus conocimientos para acabar con el doctor Dirt. Si al menos tuviera un mentor... Alguien que hubiera pasado por algo parecido.

—Jools —dijo Kim con voz suave—. En tu trabajo habrás conocido a alguien que sobreviviera a la Primera Guerra... ¿verdad?

Hubo una vez, cuando el mundo era joven, que todas las fuerzas enfrentadas chocaron a la vez en una batalla por el control... o la libertad. Las fuerzas del bien ganaron la guerra: los granjeros eran libres de nuevo para trabajar sus tierras; los aldeanos libres para comerciar; y las criaturas que sobrevivieron se retiraron al Inframundo o a tierras lejanas, sin terminar de morir, pero obligadas a continuar sus fechorías bajo la protección de la oscuridad. Los más activos, como Frida, Stormie y Turner, decidieron vivir en las lindes, haciendo lo posible para detener a las fuerzas hostiles. Todos los habitantes pasivos y neutrales le debían su vida a un solo hombre, el hombre que emergió victorioso en su lucha contra el mal.

Jools dejó de frotarle el cuello a *Beckett*.

—Sí que hay alguien...

Un rayo de esperanza cruzó los ojos de Rob.

—¿Quién?

—El Coronel M.

CAPÍTULO 7

—¡El Coronel M.! —exclamó Frida—. Ese hombre es una leyenda. ¡Es quien suprimió solo a la Brigada Infinita de los zombis!

—¡Y envió al dragón del Fin a El Vacío! —añadió Kim con reverencia.

—Pero hace siglos de eso —señaló Aswan—. He oído que el Coronel se ha retirado al Inframundo.

—Tengo entendido que se volvió explorador y ha estado buscando una forma de salir del mundo —dijo Turner.

—Yo lo vi una vez —dijo Jools—. Pero solo virtualmente. Ni siquiera estoy seguro de que siga teniendo un cuerpo.

—No parece que necesite uno —dijo Rob, con admiración en su voz.

—Bueno, ¿y cómo lo encontramos? —preguntó Kim.

Solo Stormie (viajera, traspasadora de fronteras y chica dura) se había mantenido en silencio ante la mención del gran comandante de la Primera Guerra. Por fin se decidió a hablar.

—Nadie encuentra al Coronel M. —dijo, e hizo una pausa—. Él te encuentra a ti.

Aswan sonrió socarrón.

—Pero un... «amigo» con una red de información extensa podría localizar su paradero.

Rob se vio inundado por la esperanza. ¿Podrían encontrar a aquel épico guerrero para que les ayudara con su dilema? ¿O sería solo un mito procedente de los recuerdos y los deseos de los demás?

—Cuéntanos más sobre la Primera Guerra —dijo—. Sería mejor que la historia no se repitiera.

—Amén, hermano —dijo Turner, que pronto relató historias de traición, caos y destrucción.

Rob sumó dos más dos con lo explicado.

—Entonces, dices que una vez hubo un mundo unificado, pero que un día hubo unos grupos que se separaron para dominarlo. ¿Como una guerra civil? Vecino contra vecino, hermano contra hermano.

—Y hermana contra hermana —dijo Frida—. Inició una larga tradición de mujeres guerreras en mi familia. Los chicos se enviaban lejos ya de jóvenes, pero las técnicas de supervivencia se pasaron de madre a hija durante generaciones.

«Eso explica que Frida sea tan solitaria —pensó Rob—. No me extraña que estuviera tan a la defensiva. En el buen sentido.»

—Si hay la más mínima posibilidad de que eso vuelva a ocurrir, lucharé hasta el final para impedirlo —dijo Frida.

—Yo también —añadieron Stormie y Kim.

Rob miró a los chicos.

—Eh, yo estoy con ustedes —dijo Jools, levantando las manos—. Siempre que no tenga que morir y nacer una y otra vez. Es una lata.

—A ver, escuchen —interrumpió Turner—. A mí lo

que me preocupa no es morir. Lo único que no quiero es terminar con el cofre vacío.

Rob apretó los labios.

—Entonces, ¿qué te motiva para luchar?

—Uno tiene que ganarse la vida. Sobre todo si quiere seguir viviendo.

Kim se levantó.

—Creo que todos estamos de acuerdo en una cosa: el único mundo aceptable es un mundo libre. ¿Cierto?

Su declaración fue respondida con señales de asentimiento.

Kim dio una palmada con sus manos rosadas.

—¡Pues entonces, pongámonos en marcha para defenderlo!

Partieron a la mañana siguiente despidiéndose de Aswan con tristeza.

—¡A ver qué puedo hacer para encontrar a su hombre misterioso! —le dijo a Kim mientras se teletransportaba a través de las calles carbonizadas de la aldea.

Antes de salir del pueblo, Turner pasó por la flechería para hacer un cambio por cualquier pluma o punta que hubiera escapado a la rapiña del doctor Dirt.

—Vamos a necesitarlas —dijo, volviendo con una pequeña cantidad para los inventarios del grupo. Jools intentó rechazarlas, pero los demás le aseguraron que más valía prevenir que lamentar.

—No lo veo muy claro —discutió, aceptando los materiales de todas formas.

Rob vio que tendría que esforzarse por inculcarles la ética y la disciplina propias de una caballería decente. Al menos tendrían un buen lugar para entrenar en la Mesa, sin distracciones.

El grupo montó hacia el otro extremo de las llanuras, transformando los materiales en objetos y decidiendo qué conservar y dónde deberían buscar para encontrar más de las cosas que necesitaban los próximos días.

—Jools —dijo Rob, que montaba a *Saber* junto a él y *Beckett*, que a su vez estaban siguiendo a Stormie y *Armor*—. Te voy a nombrar intendente. Serás responsable de los suministros.

Turner lo escuchó y apremió a *Duff* para llegar a su lado, dejando a Frida en la retaguardia.

—Oye, espera un...

—Déjalo, Musculitos —lo interrumpió Frida—. Demasiados cocineros estropean la guerra. —Montada sobre *Ocelot*, pasó a Turner y se unió a Stormie. Rob sonrió.

—La clave del éxito en cualquier ejército es la cadena de mando. Podemos decidirla ahora mismo si voy a ser su capitán.

Los demás guardaron silencio.

—No tengo por qué ser yo... —añadió, avergonzado.

—¡Claro que sí! —dijo Stormie, saliendo en su defensa—. Frida tiene razón, Musculitos. Tiene que haber una persona al mando para que los demás lo sigan, sin chistar. Si no, estamos acabados —*Armor* resopló como si apoyara lo dicho.

—Además —dijo Kim—. Rob sabe más sobre caballos, y sobre caballería, más que ninguno de nosotros.

—¿Más que tú, oh, gran encantadora de caballos? —la picó Jools.

Kim se hundió a medio teletransporte y apareció en la grupa de *Beckett*, justo detrás de él.

—Incluso más que yo. Yo soy autodidacta, Rob es un profesional.

Rob agachó la cabeza y estudió la cruz de *Saber*.

—Sí, un idiota profesional —dijo Turner en voz baja, mientras trotaba para alcanzar a las chicas.

—Vamos, chicos —dijo Kim—. Todos para uno y uno para todos y todo eso.

—¡Creo que necesitamos un nombre! —dijo Stormie—. Algo que infunda terror en los corazones de nuestros enemigos.

Jools vio a Turner tambaleándose en su silla como un bote atrapado en una corriente de agua.

—¿Qué tal «Los jinetes verdes de Rob»? —bromeó.

—Solo hay una verde —dijo Turner señalando a Frida, sin entender el comentario.

Ella lo fulminó con la mirada, malinterpretando el malentendido.

—¿Qué tal «Los estúpidos cretinos»?

Rob ignoró las ironías.

—No, tiene que ser el «Batallón algo».

—Sí, el «Batallón Cero» —se rio Turner.

—¡Oye, pues me gusta! —dijo Rob.

—Suena a destrucción —señaló Jools.

—¡El Batallón Cero al rescate! —gritó Stormie, llevando a *Armor* con Rob y *Saber*.

Los demás, excepto Turner, siguieron el juego y colocaron sus caballos en fila.

—¡No seas aguafiestas! —le dijo Kim.

—¡Vamos, Musculitos! —lo picó Stormie.

Este miró por detrás del hombro a la ordenada fila de jinetes y se rindió ante la imagen.

—Querrás decir «sargento Musculitos», soldado —le

respondió mientras *Duff* frenaba, pasando a la parte de atrás sin que su jinete le diera ninguna señal. Como todos los caballos inteligentes, *Duff* estaba bien versado en lo que corresponde a la cadena de mando.

Stormie sugirió que ese día cubrieran todo el terreno que fuera posible.

—Así podremos ocuparnos de la frontera mañana, cuando haya luz.

Así pues, en contra de los instintos normales de todos, siguieron cabalgando mientras llegaba el atardecer.

Kim le preguntó a Turner cómo era trabajar como guardaespaldas.

—Me gusta más el término *matón*. Tiene más gancho —dijo mientras alcanzaba su espada y machacaba a un zombi que había aparecido cerca—. Ser guardaespaldas es lo mismo que mantenerte vivo, pero más lucrativo —siguió—. Aunque hay mucha gente a la que no le gusta pagar por ello. Ha habido más de uno que ha intentado jugármela —comentó machacando a otro zombi—. Ahí es cuando lo de guardaespaldas toma un nuevo sentido. A ver, no estoy a favor de matar a nadie —dijo cambiando el arma de mano y atravesando a un tercer zombi en el otro lado de *Duff*—, pero si tengo que elegir entre tú y yo, pues te mueres tú, así son las cosas.

Frenó a *Duff* mientras un bebé zombi se acercaba gateando hacia ellos.

—Hola, pequeño adefesio —lo arrulló Turner—. ¿Es que te has... perdido? —dijo decapitando limpiamente a la criatura.

Kim se teletransportó detrás, recogiendo la carne podrida y el montón de patatas del tamaño de una pelota de golf que el bebé había dejado.

—¿Y tú, Jools? —preguntó Kim—. ¿Cómo te metiste en el negocio de asesor?

—Observación —respondió este—. Soy como tú, autodidacta. Siempre he tenido ojo para los patrones, desde que era pequeño. Y lo que tienen los patrones es que una variación puede significar la vida o la muerte. Eso es lo que me hace ganar dinero.

—¿Empezaste con la Primera Guerra? —preguntó Rob.

—Eso fue mucho antes de que naciera —dijo Jools—. No, como dicen, siempre hay algún conflicto en alguna parte y en algún momento. Huelgas de trabajadores, golpes de Estado, absorciones corporativas... Solo he hecho que mi trabajo sea encontrarlos y no meterme en ellos.

—¿Y qué hay de distinto esta vez? —preguntó Turner.

Jools pensó un momento.

—Lo distinto es que no estoy seguro de si habrá otra vez después de esta, no sé si me entienden.

Turner asintió solemne.

Cuanto más se alejaban de la civilización, menos criaturas encontraban.

—Los zombis no son muy listos y son predecibles —dijo Frida—. Les gustan sobre todo las zonas pobladas. Son muy oportunistas, igual que nosotros.

—Oye, habla por ti —dijo Turner, ofendido.

Frida sonrió.

—Tú, amigo mío, eres el más oportunista de todos.

—Y por eso te nombro sargento —le dijo Rob—. Tú decides cuándo emprender el ataque, sea contra el enemigo o para mantener el orden si hay un motín en nuestra unidad.

—¿Y si es él quien empieza el motín? —preguntó Jools.

Turner puso cara inocente.

—Que sepas que soy tan leal como la duración del día.

Stormie señaló el horizonte.

—Pues mira, el día se ha terminado ya.

—Tienes razón —Turner paró a *Duff* y desmontó—. Yo digo que acampemos aquí.

Rob negó con la cabeza.

—No lo he autorizado, sargento. Vuelve al caballo.

Turner lo miró para saber si lo decía en serio. Todos esperaron a ver qué hacía. Lentamente, puso un pie en el estribo y volvió a montar en *Duff*.

Después de un rato avanzando, Rob levantó una mano.

—¡Compañía, alto! —Observó las llanuras vacías. Una cordillera se alzaba en la distancia—. Parece que la frontera del bioma no está lejos. Acamparemos aquí para pasar la noche.

—De acuerdo —murmuró Jools, y rompieron filas para acomodar a los caballos.

Mientras Rob y Frida montaban algunas vallas, ella le tocó el brazo y le dijo en voz baja:

—Será mejor que no hagas enojar a Turner. Es el tipo más letal que jamás he conocido, al menos en el lado bueno del mundo.

Rob dejó en el suelo los palos que sostenía.

—Y necesitamos esa letalidad de nuestra mano. Pero es hora de que marque algunos límites si voy a liderar esta caballería. —Viendo que su cara se ensombrecía, añadió—: No te preocupes, Frida. Lo entenderá.

—Sí, pero vigila la espalda. Aunque lo entienda, no sabes cómo puede reaccionar.

Rob sintió una cierta preocupación, pero se dio cuenta de que ya no tenía el lujo de poder mostrarlo. Había leído que ser un comandante era un trabajo solitario. Aun así, eso no significaba que no pudiera conseguir unos cuantos aliados. Podría confiar en Frida.

—Tú conoces mejor este mundo que yo —admitió—. Cuento contigo para mantenerte firme ante... lo que sea. Serás nuestra vanguardia. Eres la mejor analizando los problemas, incluso antes de que sucedan.

—¿Quieres que sea una espía?

—Llámalo como quieras. Tu trabajo será analizar las cosas y organizar el frente de batalla, incluso si es dentro del batallón.

—No estoy segura de querer ese trabajo.

Rob hizo una pausa.

—Alguien tiene que hacerlo. Es por el bien de la unidad.

—Y por el bien del mundo... —Frida se decidió al fin—. Cuenta conmigo.

Juntos terminaron de preparar las vallas y metieron a los caballos dentro del corral. *Saber* levantó la cabeza, mirando a Rob desde el interior mientras este cerraba la puerta.

—Ya lo sé, colega. Esto es solo para mantener las apariencias. Sé un buen ejemplo, ¿de acuerdo? Necesito toda la ayuda que puedan darme.

CAPÍTULO 8

A la mañana siguiente, los miembros del Batallón Cero montaron y cruzaron las llanuras hasta la Mesa Bryce sin percance alguno. Los griefers del doctor Dirt debían de estar ocupados en alguna otra parte, ordenando su botín, mientras sus legiones se retiraban a la oscuridad durante el periodo de luz diurna. Rob no pudo evitar soltar un suspiro de alivio mientras *Saber* pasaba de pisar hierba a barro, dejando la frontera tras de sí. Los matojos muertos y los cactus dieron paso a la hierba, y la estela de polvo empezó a subir. El pequeño grupo de jinetes podría haber pasado todo el día cabalgando.

El nuevo panorama, aunque casi desprovisto de árboles, ofrecía una infinita variedad de colores y texturas: los llanos estaban adornados con estalagmitas de arenisca cubierta de barro, llenos de depósitos minerales, y entremezclados con afluentes azules. Los cactus verdes contrastaban con la paleta de colores de las rocas rojas, naranja y plateadas. Era como si el equipo hubiera irrumpido en un enorme cuadro de arena. Eso hizo que Rob sintiera más nostalgia que nunca.

Su rancho se encontraba en el desierto, en un lugar

muy parecido a este, pero en un mundo distinto... en alguna parte. Aunque habían ganado cierta altura, Stormie explicó que se quedarían por debajo de las colinas extremas. Aun así, Rob esperó que pudieran ver un poco del paisaje que le mostraría el camino a casa.

—Una esmeralda por tus pensamientos —le dijo Kim al callado vaquero cuando se teletransportó a su lado.

—Bueno, yo... —Dejó de lado sus pensamientos y también sus emociones. Tenía la misión de animar a sus soldados para alcanzar su objetivo común: salvar ese mundo. Su nuevo cargo como comandante de la caballería no le iba a permitir compartir su nostalgia—. Solo estaba pensando lo que tendremos que hacer para levantar un campamento base —dijo.

—¿Cómo puedo ayudar?

—Nuestros amigos equinos van a tener que trabajar mucho. Te nombro jefa de caballos, Kim. Tendrás que alimentarlos, mantenerlos sanos y listos para el combate.

Ella asintió.

—Eso es lo que se me da mejor.

—También quiero que actúes como infantería durante las prácticas. Tenemos que entrenar a los soldados como jinetes, y también a los caballos para que trabajen juntos. —Sabía que el buen ojo de Kim le sería muy útil en esto.

—Ya que estoy en eso, quizá sea un buen momento para repartir el resto de tareas. —Entonces llamó a los demás—. ¡Vengan todos!

Rob explicó que tendrían que fortificar un campamento seguro y preparar una estrategia defensiva en cuanto encontraran un lugar adecuado.

—Frida cabalgará en la vanguardia junto a Stormie para encontrar uno y actualizar nuestro mapa. Cuando sepamos adónde ir, cada uno tendrá que tomar la iniciativa para cumplir con sus tareas. Turner, tú te encargarás de preparar las espadas, los arcos, las flechas y las hachas. Jools estará atento a nuestros niveles de hambre y de salud y se asegurará de que tengamos suficientes víveres, leche, carbón y otros suministros. También me ayudará a diseñar nuestros planes de combate.

Turner golpeó su palma con el puño en señal de arrojo y Jools asintió.

—Le he dicho a Kim que se encargue de los caballos, y también ayudará a Frida a conseguir hierba y azúcar para ellos.

—¿Y qué hago yo? —preguntó Stormie.

—He estado pensando en el día que nos conocimos, cuando volaste a Lady Craven por los aires. ¿Todavía tienes ese cañón de dinamita?

—Por supuesto.

—Entonces serás nuestra comandante de artillería.

—¡Todo lo que se pueda hacer con pólvora será hecho con pólvora, señor! —dijo mostrando un saludo militar.

—Todos tendremos que esforzarnos según vayan surgiendo nuevas tareas —comentó Rob—. También es posible que tengamos que montar guardia de noche. Ya veremos.

—Ojalá tuviera pincel y pintura —murmuró Stormie—. Este paisaje es impresionante.

—¿Pintas? —preguntó Kim.

—Solo durante mi inexistente tiempo libre.

Turner se acercó a ella montado en *Duff*.

—Oye, si tenemos un rato, quizá podrías hacerme un retrato —le dijo mostrando su perfil—. Le prometí a Sundra algo para que me recordara.

—¿Algo además de la peste a macho? —dijo Jools.

—Basta ya —la regañó Rob—. Se supone que estamos formando un equipo, no iniciando una guerra civil.

—No hay nada de civil en este —gruñó Turner.

—¡Sargento, ya es suficiente! —insistió Rob—. El mundo depende de nosotros. Ahora somos una caballería, actuemos como tal.

A sugerencia de Frida, el batallón acampó a sotavento de un escarpado acantilado rojo tachonado con puntas rocosas que parecían dispararse hacia la luna.

—Miren qué picos —dijo Turner, admirando su hermosa forma alargada.

—Son casi como centinelas —comentó Kim.

—En cierto modo, lo son —dijo Rob—. Podríamos usarlos como defensa natural.

Frida estudió las torres de roca.

—Puedo plantar cactus entre ellos para disuadir a los saqueadores.

—O para quedarnos atrapados —señaló Jools—. Una vez morí por tocar un cactus. Aunque entonces rara vez llevaba armadura, así que fue culpa mía.

—Bueno, pues eso tiene que cambiar —dijo Rob—. Desierto o no, quiero que todos lleven el equipamiento completo durante las prácticas —entonces miró a Jools—. Y vamos a participar todos.

Jools se quedó un poco desconcertado.

—Pero...

Rob lo interrumpió.

—No te voy a pedir que luches, intendente. Pero quiero que estés listo para hacerlo si termina siendo necesario.

Jools rumió la idea, pero al menos no protestó.

—Además, eres un buen jinete. Creo que disfrutarás de las prácticas. Y trabajar con el grupo puede motivar a *Beckett* a guiar a los demás.

Jools dejó escapar una sonrisa.

—Como siempre digo, nada como un buen galope.

Levantaron el campamento junto a un arroyo, a la sombra algunos arbustos muertos. Jools sacó su mesa de trabajo y su cofre de materiales. Turner se hizo cargo de las armas y la munición. Más tarde, todos se tomaron un descanso para disfrutar de una comida compuesta por chuletas de cerdo, que fueron estupendas para relajar la anterior tensión del grupo. Mientras se rellenaban sus barras de alimento, conversaron de manera animada sobre sus avances en el trabajo entretanto los caballos encontraban un lecho de arena donde revolcarse antes de tumbarse para disfrutar del sol.

Cuando las columnas de roca empezaron a proyectar las sombras de la tarde, llegó el momento para iniciar su primer entrenamiento. La caballería se atavió con las armaduras y preparó a los caballos. Rob le pidió a Kim que alisara la arcilla dura y ordenara los bloques para hacer un campo rectangular. Algunos de los demás sacaron bloques de arena y los alinearon en el interior de la zona. Kim, que parecía muy profesional con su casco de hierro rosa, los llamó para preparar a los caballos y formar fila. Pasaron más tiempo del que debían formando la línea de cara a Rob y *Saber*. Su líder quiso hacerles una pequeña demostración de algunos de los movimientos más avanzados que tendrían que dominar.

—Kim, ¿puedes prestarme un arete?

Rob colgó el aro dorado de un palo largo que sacó de

su inventario y lo clavó en el suelo en un extremo del campo. Seguidamente, montó a *Saber* hasta el lado opuesto y sacó su nueva espada.

—Que alguien diga «adelante» —ordenó.

Kim levantó una mano.

—¡Adelante!

Saber salió disparado al galope, directo hacia el objetivo.

Según se acercaban, Rob se preparó para dar una estocada con su espada y ensartar el arete. Quizá debería haberlo hablando antes con *Saber*, pues, en el último momento, el caballo giró directo hacia el palo y, pensando que era un obstáculo, lo saltó para sortearlo, tirando a su sorprendido jinete.

De forma demasiado familiar, Rob se encontró rodando por los aires y aterrizando de forma abrupta contra el suelo de arena. «Al menos esta vez no me están esperando los zombis», pensó con cinismo, sintiéndose más que nunca como un esqueleto tambaleante.

—¿Y exactamente de qué nos va a servir ese movimiento en batalla? —preguntó Jools con sarcástico interés.

—Creo que Rob nos está enseñando lo que NO tenemos que hacer —dijo Stormie en su defensa—. ¿Verdad?

—Eh... sí... —sonrió él, levantándose del suelo—. Que eso nos sirva de lección: incluso los jinetes más experimentados se pueden caer. Asegúrense de adónde quieren dirigirse, ¡no esperen que el caballo adivine lo que están pensando!

—Al menos *Duff* no se tiene que preocupar por eso —dijo Jools en referencia a Turner—. A la naturaleza no le gusta el vacío.

—¡Chicos, otra lección! —Rob puso un pie en el estribo y volvió a montar a *Saber*—. Si se caen, tienen que volver montar enseguida. —Giró a *Saber* y realizó de nuevo la maniobra del arete, esta vez dirigiendo al caballo por la izquierda con firmeza y agachando la cabeza hasta después de que la espada ensartara con éxito el arete de oro.

Esto desembocó en una ola de aplausos por parte del público, e incluso Turner confesó que el ejercicio parecía una buena forma de practicar el ataque.

—Cuando puedan disparar una flecha a través del arete estarán más que preparados —dijo Rob—. Y ahora, basta de demostraciones. Van a correr a medio galope con los caballos desplegados en una formación cerrada.

La música de circo habría sido un buen acompañamiento para el caos que se desató a continuación, que duró hasta que Rob y Kim encontraron la formación perfecta para los caballos. *Beckett* era demasiado lento para ir delate. *Armor* demasiado inquieto para ir detrás. *Ocelot* todavía no comprendía que tenía que ir en línea recta, y hasta que lo entendió, Frida no dejaba de caerse cada vez que la gravedad se adueñaba de los bruscos movimientos del caballo. Para sorpresa de todos, Turner y *Duff* resultaron ser las estrellas del espectáculo donde fuera que se situaran.

Cuando Rob se lo mencionó a Kim, esta respondió:

—Por eso elegí a *Duff* para él. Ese caballo es un niñero de fábula.

Turner se enfadó por el comentario, por supuesto, pero Rob sabía lo que Kim quería decir. Algunos caballos se encargan de sus jinetes de forma natural. En este caso, hacía que Turner pareciera mucho más experto de lo que era en realidad. Rob usó esta ilusión a su favor.

—Lo que quiere decir es que Turner pasará unos genes de jinete estupendos.

—Seguro que Sundra estará encantada —comentó Jools.

Finalmente, el grupo logró ir a medio galope y Rob y Kim decidieron el orden en el que los caballos se encontraban más cómodos: *Armor* en la vanguardia, seguido de *Ocelot*, luego *Duff*, *Beckett* y por último *Saber*. Esto le permitiría a Rob tener controlado a todo el mundo y montar el caballo jefe para ayudar a quienquiera que estuviera en apuros.

A continuación, el capitán Rob, como le llamaba Stormie, salió de la fila y dividió el grupo en parejas. Hizo correr a *Armor* y a *Duff* en círculo y a *Ocelot* y *Beckett* en el otro sentido, haciendo que todos pasaran por el hombro derecho de los demás. Por supuesto, *Ocelot* se desvió del recorrido y Turner se olvidó de qué lado era el derecho, por lo que disfrutaron de varios choques que dejaron a Frida y a Stormie en el suelo.

Rob insistió en que repitieran la práctica hasta que lo hicieran bien. Pero después de media docena de vueltas, las chicas empezaban a frustrarse y los hombres a aburrirse. El capitán respondió a sus quejas invocando las palabras habituales.

—¡Otra vez! —ordenó—. Échenle ganas.

Después de otros tres intentos y otras tres órdenes, la tropa llegó al límite de su paciencia, que Rob ignoró por completo.

Puede que tuviera un objetivo en mente, pero Kim veía claro que terminaría muerto antes de hora. Cuando Rob apretó los puños y ya iba a regañarlos de nuevo, se teletransportó a su lado y se sentó en la grupa de *Saber*.

—Con su permiso, señor —le susurró al oído—. Puede que sean soldados, pero también son *gamers*. Piensa un poco en ellos. ¿Qué es lo que querías cuando aquel creeper destrozó tu columna de arena? ¿O cuando los zombis se quemaron a la luz del sol?

Kim le hizo volver a aquel día en el nuevo mundo.

—Quería saber qué demonios estaba ocurriendo —respondió en voz baja.

Ella le dio una palmadita en la espalda con su mano rosada.

—Querías saber por qué. —Entonces hizo señas a los jinetes, que estaban claramente molestos por la situación—. Las órdenes son órdenes, pero si quieres que sigan tus instrucciones, es mejor que expliques el motivo. Son como caballos inteligentes. Nadie quiere seguir a un líder ciego.

Rob respiró hondo. Tenía toda la razón. El grupo no tenía ni idea de por qué tenían que pasar por esos ejercicios.

—Gracias, Kim. A veces necesito un segundo par de ojos para que vean lo que está pasando de verdad.

—Solo hago mi trabajo, señor —respondió divertida, y se teletransportó hacia Frida para ayudarle a levantarse del suelo.

—Bien, *gamers* —llamó Rob—. Vengan y formen una fila en frente de mí. —Esperó para dejarles que se colocaran en el orden correcto ellos mismos sin necesidad de que se lo dijera. Entonces les explicó el motivo de hacerlos girar unos hacia otros al galope: eso acostumbra a los caballos a los enemigos que cargan contra ellos. Pasar por la derecha prepara a los jinetes para atacar con la espada a los rivales que se aproximan.

—Pero yo soy zurdo —indicó Turner.

—Eso no importa, tu enemigo puede no serlo. Acostúmbrate.

—Ahora probaremos el mismo patrón al trote —dijo Rob—. Así les será más fácil hacerlo bien. Quiero terminar el entrenamiento de forma correcta, así es como los caballos aprenden.

«Y también las personas», pensó Rob, en referencia a él mismo. Si aquel primer entrenamiento se convertía en un desastre, ya podía despedirse de su liderazgo.

La estrategia de Rob funcionó bien y los jinetes lograron realizar varias vueltas al trote.

—La próxima vez lo haremos al galope —les avisó, sorprendiéndose a sí mismo de otro sentimiento familiar. «¡Pues claro! Así es como enseñaba a los potrillos en el rancho, pasito a pasito.» Hay muchas similitudes entre caballos y humanos, cosas que jamás había pensado porque no lo necesitaba. Recordó que menos puede ser más, al menos en las primeras fases de un entrenamiento.

Dejó que Frida se saltara la exploración de la zona hasta el día siguiente. Esa noche, cuando Jools sugirió colocar una cuerda trampa alrededor del campamento en vez de hacer guardia, también aceptó. Todos estaban agotados.

Para cuando ya se habían recuperado, alimentado a los caballos y asegurado el perímetro, todo lo que pudieron hacer fue encender una hoguera y comer un poco de pollo seco. Incluso Turner se relajó después de la cena, sin afilar sus armas ni contar sus esmeraldas. Cansado como estaba, Rob no pudo hacer más que disfrutar de aquella calma antes de la tempestad.

Tendría que ser un placer solitario.

Quería sentarse junto a Stormie cerca del arroyo y escuchar más sobre su trabajo o unirse a Kim mientras les hacía arrumacos a los caballos. Ni siquiera le habría molestado intercambiar insultos con Jools y Turner, o pedirle consejo a Frida sobre... todo. Pero confraternizar con el resto de *gamers* podría minar la concepción que tenían de él como líder. Aunque Rob comprendía que era importante conservar su respeto, no estaba seguro de cómo le iría en una batalla real. Tenía armas, tenía soldados, pero no estaba seguro de tener su confianza. Quizá pudiera aumentarla con algún plan ingenioso... que tampoco tenía.

Sin embargo, hubo algo que había dicho Kim que le hizo darse cuenta de que no podía esperar a que las cosas pasaran solas. Tenía que dar el primer paso. Como aquella primera noche, cuando después de que el creeper explotara su columna de arena, actuó primero y pensó después. Eso es lo que lo mantuvo con vida. Sí, uno podía leer sobre caballería todo lo que quisiera, pero la única forma de aprender lo que funcionaba era haciéndolo.

—Jools, Stormie —llamó al intendente y a la comandante de artillería—. Mañana a primera hora tenemos que ponernos a la obra. Piensa en un primer objetivo y en una estrategia. Trae tu mapa, Stormie —añadió después.

—Kim, ¿puedes ponerte en contacto con Aswan por chat y ver si ha descubierto algo sobre el Coronel M.? —Si alguien podía ayudarles con una estrategia, estaba seguro de que era el veterano de guerra—. Frida, mientras tanto, necesito que explores la zona en busca de recursos.

Todo el mundo aceptó. Sentaba bien tener amigos con los que contar.

—Y Turner... —dijo Rob—. ¿Turner? —repitió sin obtener respuesta.

Miró por todas partes.

—¿Alguien ha visto a Turner?

Nadie.

Los caballos estaban tranquilos. El mercenario no estaba con ellos.

No escuchaban gemidos de zombis, el repiqueteo de los esqueletos ni tampoco declaraciones belicosas de griefers dictadores que sugirieran la posibilidad de que su sargento hubiera sido capturado o asesinado.

Todos se levantaron y buscaron hasta donde la luz de la hoguera les permitía. Turner había desaparecido. Y tras una inspección, quedó claro... que nadie había pasado por la cuerda trampa.

CAPÍTULO 9

La desaparición de Turner los hizo olvidarse de la fatiga. Rob le ordenó a Jools que hiciera unas antorchas para formar un equipo de búsqueda, pero este volvió del cofre con malas noticias.

—Alguien ha tocado mis pociones, ¡ha desaparecido mi poción de visión nocturna! —dijo pasando rápidamente las antorchas.

Todos se equiparon con las armaduras de sus inventarios.

—¡Tenemos que mantenernos juntos! —ordenó Rob—. Frida, ¿hay algún lugar dentro del perímetro que no hayas explorado?

Señaló hacia el cuadrante este, donde se encontraban unos pequeños afloramientos rocosos.

Rob se enfadó consigo mismo por haber pensado que el cansancio era una excusa válida para retrasar un examen minucioso del terreno.

—¡Por aquí —dijo liderando al grupo, moviendo las antorchas en la oscuridad—. ¡Turner! —llamó, y el resto hizo lo mismo. Si había enemigos en la zona, el silencio no les iba a proporcionar ninguna protección.

Llegaron a una zona arenosa y, de pronto, los agudos ojos de Frida advirtieron una pista.

—¡Huellas! —dijo—. ¡Y hay una entrada en la roca!

Ella y Stormie entraron primero y luego llamaron al resto del grupo. Aparecieron en una sala sin ventanas con un suelo de tierra. Tres portales con arco dirigían hacia el interior del acantilado.

Frida se arrodilló para examinar el suelo más detenidamente.

—Aquí hay más huellas. ¡Turner, o alguien, ha pasado por aquí!

Rob tragó saliva al entrar en el oscuro pasillo. Sí, ya había hecho un poco de espeleología en las cuevas de las afueras de su rancho, pero aquello era en el mundo que conocía... no en uno donde las explicaciones llegaban después de los problemas, a veces demasiado tarde.

Caminó de puntillas detrás de Frida y Stormie. Jools y Kim iban detrás de él, con las antorchas desvelando cortinas de telaraña que colgaban del techo y restos de vías antiguas en el suelo.

—Esto parece una mina —dijo Rob.

—Cuidado con las arañas —advirtió Frida—, ¡son venenosas!

A Rob se le erizó el pelo debajo del casco, y blandió la espada sin pensarlo.

—¡Eh, cuidado! —dijo Jools saltando a un lado.

—Perdón.

Bajaron una escalera que corría junto al sistema de rieles, pasando sobre viejas carretas y columnas demolidas. No parecía un buen lugar para quedarse atrapado si se hundía la cueva, pensó Rob, preocupado por su hosco amigo.

—¡Turner! —gritó, haciendo que su voz reverberara en las paredes.

El pasadizo se dobló noventa grados a la derecha. Después de que Rob girara, escuchó a Kim gritando tras él.

—¡Se nos han apagado las antorchas!

Dio media vuelta y volvió con ellos, justo en el momento en que Jools gritó:

—¡Aaugh!

La llama de su antorcha dejó a la vista una araña de cueva aterrizando sobre la cabeza del intendente.

—¡Socorro!

Antes de que nadie pudiera reaccionar, Kim sacó su espada rosada.

—¡Muere, muere, muere! —gritó asestando un golpe fatal a la criatura. Esta cayó en el suelo junto a Jools, que se quedó inmóvil.

Rob se quedó mirando sin reaccionar mientras la joven guardaba la espada en su inventario y se sacudía el polvo de las manos. Frida y Stormie volvieron con ellos y se encontraron en la esquina, proporcionándoles dos antorchas de su reserva. Pero no podían hacer nada por Jools, nadie llevaba leche.

—Se recuperará pronto —dijo Kim con cierta indiferencia mientras paraba a recoger el botín que había dejado la araña—. ¡Bien, ojo de araña! —dijo—. ¡Cinco puntos para mí!

Una mano apareció por detrás de su hombro y le quitó el ojo.

—Yo lo guardo —dijo Jools, ya recuperado—. Justo lo que necesitaba para mi inventario de pociones.

Rob sintió un escalofrío e intentó reprimir el deseo de correr gritando mientras subía las escaleras de vuelta al exterior. Jamás había sentido miedo de las arañas o la oscuridad, pero eso era cuando podía predecir lo que le esperaba al girar la esquina. Se armó de valor y giró de nuevo con los demás, llamando a Turner mientras seguían.

La escalera parecía bajar hasta el infinito, y entonces, de pronto, llegaba al fondo. La meta ofrecía dos rutas posibles: una hacia la izquierda y otra hacia la derecha. Esto alteró tanto a los *gamers* como lo hizo el descubrimiento de la gruta.

—¡Shhh! —hizo callar Stormie desde su posición a la cabeza—. Ahí delante está pasando algo. —Desde donde estaba Rob, justo detrás de Frida, se escuchaba algo arrastrándose y husmeando en su avance. Sonaba como un oso, pero los osos de cueva (que según recordaba se habían extinguido ya) no se aventurarían a tal profundidad en ningún mundo.

Los soldados se amontonaron tras Stormie para ver mientras esta movía la antorcha cerca de la esquina.

—¡¿Quién anda ahí?! —gritó.

Para su sorpresa, la criatura que salió a su encuentro tenía forma humana, pero era grande y de ojos saltones.

Rob reconoció al ente y apartó a Stormie para ir delante y encararse a Turner.

—¡Gafas de seguridad! —dijo mientras se las arrancaba de la cara, sintiendo cómo le fallaban las rodillas—. Pero ¿qué demonios haces aquí abajo?

Turner se alteró y blandió su pico, a punto de usarlo contra su comandante. En ese momento, Jools irrumpió y le lanzó una poción.

Como si lo hubieran anestesiado con un tranquilizante para elefantes, Turner puso los ojos en blanco. Se tambaleó, soltó el pico y se desplomó hacia delante con los brazos estirados, preparado para estrangular a aquel que lo había sorprendido.

—Je, je. Me parece que no podrás agarrarme —se burló Jools, danzando fuera de su alcance.

A la luz de varias antorchas, los ojos de Turner reflejaban duda, luego comprensión y, finalmente, rabia.

—Es una mezcla personalizada —explicó Jools—. Lentitud más debilidad más irritación. Eso último es exclusivo mío.

Mientras Turner se bamboleaba, Frida estudió la zona.

—¡Ha estado cavando! Miren: minerales a montones y una vagoneta con un cofre medio lleno. Diamantes, lapislázuli, esmeraldas y más... Me parece que alguien abandonó esta mina demasiado pronto.

Rob se acercó con la antorcha.

—Pero ¿cómo podía ver lo que estaba haciendo?

Jools se frotó la barbilla.

—Con mi poción de visión nocturna, ¿te acuerdas? Esas gafas eran para protegerse, no para ver en la oscuridad.

Rob asintió con seriedad.

—Eso significa que lo tenía planeado.

Kim miró a Turner.

—¡Se te tendría que caer la cara de vergüenza!

Frida hizo un gesto de desaprobación con la cabeza.

—Estoy muy pero que muy decepcionada contigo, Musculitos.

Turner empezó a recuperar la voz, aún afectada por el efecto de lentitud.

—¿De-cep-cio-na-da...? ¡Deberían darme... las gracias!

—¿Esperas que creamos que ibas a compartir el botín con nosotros? —dijo Rob furioso.

—Hombre..., tampoco... tanto... —respondió Turner con sinceridad—. Pero pueden... picar... el resto de... la mina.

—¡A ti sí que te voy a dar con el pico! —gritó Rob, y entonces se obligó a calmarse—. A ver, esto es lo que haremos. Frida y Stormie, lleven a Turner al campamento. Vigílenlo bien. Kim, Jools, ayúdenme a llevar esta vagoneta afuera.

El trabajo no fue bienvenido, pero la adrenalina les ofreció la fuerza necesaria para realizarlo. Al fin, se reunieron todos alrededor de la hoguera, con Turner custodiado por las dos chicas.

Rob se plantó frente al deshonroso sargento.

—¿Qué tienes que decir en tu defensa?

Turner se aclaró la voz.

—Se me ocurrió que quizá por aquí hubiera algunas minas abandonadas. Siempre queda alguna pepita por ahí cuando los mineros dejan de trabajar.

—¿Y entonces pensaste en irte a excavar tú solo? ¿A oscuras?

Turner esquivó su mirada.

—A quien madruga, Dios le ayuda —murmuró.

Kim y Jools empujaron la vagoneta medio llena.

—Muchas gracias, chicos —dijo Rob—. Jools, ¿por qué no fabricas otro cofre? Lo guardaremos todo ahí. En adelante, se lo daremos todo al intendente excepto lo que sea necesario para ir a la aldea y volver.

Turner empezó a chillar como un cerdo atrapado.

—¡Ese botín es mío! ¡El que lo encuentra se lo queda! —Luchó por levantarse, pero Frida y Stormie lo sometieron de nuevo.

—Todos los bienes son comunes hasta que termine la guerra —declaró Rob—. Puede que necesitemos dinero para sobornos y estas gemas pueden sernos de mucha utilidad. —Pese a todo, no le gustaba ver a Turner impedido—. Escucha, Sargento. Este trato te conviene. Dando parte de tus cosas, puedes acceder a las de todo el grupo.

Esa idea pareció animar a Turner.

—No lo había pensado así —dijo.

—Y si todo va según lo planeado —añadió Stormie—, todos volveremos con mucho más de como empezamos.

Turner se lo pensó bien antes de decir nada.

—¿Podemos confiar en ti? —preguntó Rob.

El preso frunció el ceño.

—Está bien. Total, no me queda otra...

—Sí te queda otra, Turner. O estás conmigo o te largas —dijo Rob—. Y dudo que el doctor Dirt te haga una oferta mejor.

Turner sabía que tenía razón.

—Entendido —dijo, y las chicas lo liberaron.

Al día siguiente, la realidad caló en los miembros del Batallón Cero como la lluvia fría cuando empezaron a comprender de verdad la magnitud de la carga que se habían impuesto. Reconocimiento, estrategia, defensa..., los muchos aspectos de la preparación bélica los tuvieron ocupados toda la mañana.

—Me impresiona la de trabajo que cuesta iniciar una guerra —dijo Jools mientras se concentraba en preparar una base de datos en su computadora. Los cofres de suministros estaban tan llenos de cosas que no podía localizarlas todas y no quería que se perdiera nada más.

—Ya entiendo por qué los ejércitos siempre son tan... grandes —musitó Rob mientras estudiaba el mapa de Frida, que había abierto sobre uno de los cofres.

Había enviado a Frida y a Turner a explorar en busca de suministros. Quería que alguien confiable vigilara a Turner. Kim estaba ocupada esparciendo balas de heno para los caballos y comprobando sus pezuñas. Si iban a galopar sobre el duro suelo de la Mesa, tendrían que prestar mucha atención a las herraduras.

—Stormie, ¿puedes empezar marcando en el mapa los biomas que sabemos que están bajo el control del doctor Dirt?

Dejó el montón de antorchas que estaba fabricando y fue con él.

—Bueno, sé con certeza que tiene secuaces en el pantano, el bosque y la playa de piedra. Y también en la frontera de la jungla, donde nos conocimos. Además, Aswan nos ha informado de que tiene ejércitos en las fronteras de la taiga, la montaña y el océano. Aunque no estoy segura de en qué océano.

—Turner y Frida dicen que tuvieron problemas en la taiga fría, las llanuras y la Mesa.

—¿Qué Mesa? —preguntó Stormie, preocupada.

—Pues no estoy seguro —respondió encogiéndose de hombros—. Supongo que no sería esta.

—En otras palabras, hay que echarlo a la suerte —dijo Jools mientras se acercaba pisando el montón de antorchas—. ¡Tito, tito, biomacito! —dijo cerrando los ojos y poniendo el dedo en el mapa.

—Sin saber cuántas tropas habrá en cada zona, supongo que no tenemos muchas opciones —dijo Rob—. ¿Queremos empezar con una frontera que ofrezca la mejor defensa o una que nos favorezca?

—¿Te refieres a que la gente nos apoye? —aclaró Stormie—. Deberíamos optar por eso. Tenemos que empezar por las zonas en las que tengamos más posibilidades de salir sanos y salvos.

—Gracias por tanta sabiduría —murmuró Jools.

—Entonces... —empezó Rob rascándose la cabeza—, ¿queremos tender una emboscada en un sitio con buena protección o mejor avanzamos donde nuestras filas sean capaces de superar fácilmente a los esqueletos?

Jools valoró los pros y los contras.

—Podríamos emboscarlos justo después del ocaso si encontramos un sitio por donde tengan que pasar en fila. O también podemos acorralarlos en un espacio más amplio, pero cerrado, que no les deje más opción que retirarse. —Entonces hizo una pausa—. Otra opción... sería esperar hasta casi el amanecer y atraerlos hasta el desierto de forma que estén tan lejos que no puedan escapar de la luz del sol.

Rob y Stormie lo miraron con admiración.

—Vamos a rumiarlo un poco —dijo Rob—. Al menos, esas tres opciones —«Aunque no tengo ni idea de cuál puede funcionar mejor», pensó—. Stormie, mientras tanto, quiero que vigiles las zonas de batalla que conocemos y que ayudes a Frida a explorarlas durante los próximos días.

En cuanto dejó escapar su nombre, Frida apareció por el norte junto a Turner. Este llevaba algo largo y plano sobre su cabeza.

—¡Tenemos cuero! —gritó feliz.

—Habrán encontrado algunas vacas —dijo Jools.

Stormie estaba maravillada.

—Hay que ver lo que le encanta conseguir cosas gratis a este hombre...

Pero Rob también estaba contento. Llevaba tiempo soñando con un buen filete en su punto.

Sin embargo, la estrella del menú fue un buen estofado. Kim cocinó la carne de la vaca que Turner había matado junto a algunas zanahorias y patatas procedentes del inventario común.

—Esto está delicioso, Kim —dijo Rob, atacando su plato.

Stormie suspiró después de probar un bocado.

—Igualito al que hacía mi madre.

—Gracias, chicos. ¿Qué encontraron, Frida? —preguntó Kim.

Esta explicó los recursos potenciales que habían encontrado en las cercanías de la sabana norte y del desierto de arena adjunto. Había una plantación de cañas de azúcar cerca del campamento y muchos árboles de mimosa para hacer palos y tablas. Frida sonrió.

—He traído un poco de lana. No llevaba las tijeras, así que he tenido que matar a la oveja para conseguirla, pero creo que nos servirá como protección.

Turner asintió.

—Ya veo lo que quieres hacer. Esa cosa arde como un rayo.

—Ya que estamos en eso —interrumpió Rob—, informa de las armas disponibles, sargento.

—Bueno, podemos usar la lana para hacer un muro de fuego si fuera necesario. También tenemos unas decenas de espadas, de madera, piedra y hierro. Podría forjar una de diamante con algunos de los que cavé en... —dejó la frase a medias para no recordar el tema—. Luego contamos con tres o cuatro arcos y con el cañón de dinamita de Stormie. Y nuestras hachas y picos nos servirán también como armas cuando las buenas se rompan.

Todos escucharon con atención.

—Y ahora viene lo divertido —dijo Turner frotándose las manos—. Arena. Necesitamos más, montones. Prepararemos parte para hacer trampas de asfixia, son divertidísimas cuando atacan los zombis. Y también podemos crear algunos fosos. Colocamos un cable trampa alrededor y los llenamos de cactus.

Jools hizo una mueca de aprobación. Rob estaba contento de tener a Turner de su parte... al menos, de momento.

—Además de las trampas, también podríamos domar a un par de lobos. Se pueden comer a un montón de esqueletos. Y en cuanto a las pociones... —terminó, mirando a Jools.

—He estado acumulando ingredientes de forma concienzuda —informó el intendente—. Por el momento, contamos con un par de docenas de remedios para cualquier efecto que suframos en batalla —entonces miró a Turner—. O en casa, lo que pase primero.

Turner ignoró el comentario.

—En lo que respecta a la munición —siguió donde lo había dejado—, hay mucho trabajo por hacer. Deberíamos llenar los inventarios de dinamita. Yo voy a seguir haciendo tantas flechas como pueda desde ya hasta... el Día del Juicio.

Rob se encogió un poco ante la idea.

—Yo te ayudo —se ofreció, observando el montón en proceso.

El experto en armas le lanzó una mirada de menosprecio.

—Gracias, pero no hace falta, novato. Digo... capitán. Puedes ponerte con los arcos, si quieres, pero lo otro déjamelo a mí. —Recogió un palo del montón y lo dobló—. Un arco solo es un palo doblado, pero una flecha... bueno... —Agarró una de las flechas en las que había estado trabajando y la contempló con admiración—. Una flecha es una obra de arte.

De nuevo, Rob se llenó de alivio y confianza. Turner parecía estar trabajando en su parte. Aun así, las tareas diarias empezaban a agotar al grupo. Aunque nadie habló del tema, todos pensaban en silencio sobre su siguiente paso. ¿Cuándo deberían ponerse en acción? ¿Cómo sería de duro? ¿Tendrían éxito?

Lo cierto es que nadie quería conocer las respuestas.

En cuanto se sentaron alrededor de la hoguera para trabajar en sus proyectos secundarios, Kim anunció de pronto:

—¡Tengo un noticion, Batallón Cero! —comprobó la pantalla de su laptop y sonrió—. He hablado con Aswan. Uno de sus comerciantes tiene las coordenadas de una fortaleza en el Inframundo donde podemos encontrar al Coronel M.

—¡Vaya! —exclamó Frida—. ¿Cómo sobrevive en el Inframundo?

Jools conocía la respuesta.

—Él, o lo que sea que use como apariencia si ya no tiene cuerpo, monta el corcel más alucinante del mundo. O del Inframundo, técnicamente. —Entonces le echó una mirada a Rob—. Dicen que *Nightwind* puede con el mismísimo diablo.

CAPÍTULO 10

Rob se quedó impresionado, el Coronel M. era un jinete legendario. Justo lo que necesitaban para idear un sólido plan de batalla.

—Solo hay un problema —dijo Kim mientras escribía en su computadora—. El vendedor dice que el Coronel... ya no acepta visitas.

Turner dio un resoplido.

—¿Y qué? Vamos ahí y llamamos a su puerta virtual. No puede echar a nadie del Inframundo.

—Quizá porque solamente un idiota pasaría tiempo allí de forma voluntaria. Aparte del Coronel, claro —dijo Jools.

—Cierto —participó Stormie—. Pero es genial como vía de transporte. Antes de conocerlos, estaba considerando la posibilidad de usarlo para evitar las emboscadas en las fronteras.

—La verdad es que no es precisamente un sitio adonde puedas ir y relajarte —le explicó Frida a Rob.

—¿Por qué? —preguntó él, inquieto.

—Fuertes cataratas de lava —respondió Turner.

—Y donde hay lava, hay criaturas de fuego —añadió Jools.

—Ghasts —dijo Stormie—. Te pueden dejar para el arrastre.

—¡Y no se olviden de los hombrecerdos zombis! —comentó Kim.

Rob se quedó con los ojos como platos.

—Unos zombis hombre... ¿qué?

—Has oído bien —asintió Kim—. Y a los hombrecerdos zombis no les afecta la lava.

A Rob le daba vueltas la cabeza, todos parecían grandes obstáculo. Intentó mostrarse seguro.

—¡Bueno, al menos no hay esqueletos! Eso es un alivio —rio ingenuo.

—Uy, sí que los hay —dijo Kim—. Esqueletos wither, a granel.

Frida se dio cuenta de la expresión desencajada de Rob.

—Capitán, creo que necesitas un poco de orientación. A ver, «Inframundo para dummies»...

Entonces le hizo una descripción del hogar del Coronel M. En el Inframundo, el tiempo no avanza y los mapas son de poca ayuda. El terreno de infiedra es escarpado, irregular y lleno de fosos y trincheras. Aunque atravesarlo puede llevar mucho más lejos que yendo por la superficie del mundo real, es muy complicado caminar por la infiedra. Aunque hay algunos caballos y mulas que lo hacen mejor que los humanos.

—*Beckett*, por ejemplo, se las puede arreglar bien —dijo Jools sobre su caballo todoterreno.

—Será con una poción de rapidez —comentó Stormie—, porque seguramente tengas que huir a toda velocidad de las criaturas y las inundaciones de lava.

Turner entrelazó los dedos y apoyó las manos sobre su cabeza.

—Y espero que te guste el fuego —dijo.

—¿A quién no? —respondió Rob, desfallecido.

—El fuego se genera de forma espontánea —explicó Turner—. ¡Bum! Y además está lleno de cosas que arden: lagos de lava, llamaradas, cubos de magma...

—Ugh... —Jools tembló—. Están esos slimes magmáticos...

—No parece un sitio muy acogedor —intuyó Rob—. Entonces, ¿por qué va la gente al Inframundo?

A Turner se le encendieron los ojos.

—¡Por los tesoros! Hay a montones.

Frida frunció el ceño ante esta demostración de la constante avaricia de su amigo mercenario.

—O en el caso del Coronel M., para no tener vecinos molestos. Seguramente se cansó del mundo real después de todo lo que hizo en la Primera guerra.

Rob se tomó esta información con inquietud. Si el Coronel M. se había cansado del mundo real, ¿qué posibilidades tenían de recuperar la paz? Visto así, el Inframundo no parecía tan malo. O puede que demasiado malo.

—¿Seguro que en el Inframundo no hay dragones que escupen fuego? Porque es lo único que le falta —preguntó.

Jools lo miró como si estuviera loco.

—Estás pensando en el Fin. Ahí es donde vive el dragón del Fin.

Stormie sujetó a Rob del brazo.

—Pero, tranquilo, que no escupe fuego.

—No, solo ácido —informó Turner—. Pero no te preocupes por eso. Yo diría que tu mayor preocupación en el Inframundo no será qué te puede quemar, sino cómo.

Esto caló en la mente de Rob como agua en una esponja. A la porra las arañas y la oscuridad total: el inframundo llameante sí que le daba miedo de verdad.

Y no se lo podía confesar al grupo.

El capitán del Batallón Cero dejó de lado sus miedos concentrándose en temas más prácticos.

—No podemos perder el tiempo y los recursos que costaría visitar el Inframundo —informó a los jugadores—. Además de arriesgar nuestras vidas y las de los caballos, aún tendríamos que convencer al Coronel M. de que nuestra causa es digna. Me parece jugársela mucho.

Kim hizo una mueca de decepción. Frida, Stormie y Turner parecían igual de desencantados. Solo Jools parecía contento.

—Eso no significa que no vayamos a preguntarle en el futuro —los animó Rob, cruzando los dedos por detrás.

Esto pareció revivir la fe que Stormie tenía en él.

—Entendido. Guarda la idea en la cartera —dijo—. Como un antiguo novio. O un arma secreta.

—Sí, un arma secreta... —repitió Rob, pensando en lo mucho que necesitaban una. Pero una que no les costara tanto de conseguir.

Los días siguientes, el batallón trabajó en el entrenamiento y en conseguir suministros. En la siguiente práctica, Rob les enseñó a tener caballos a prueba de bomba.

—¿Quieres decir para que los creepers no les hagan daño? —preguntó Turner.

Rob se rio divertido.

—Solo es una expresión. Quiero decir que nada les asuste. —Fue hacia la fila de caballos y soldados—. Me he dado cuenta de que estos animales están acostumbrados a ver zombis y otras criaturas que no son humanos ni animales. Pero ¿qué ocurre si tienen que moverse entre ellos? ¿O atacarlos?

Stormie entendió lo que decía.

—*Armor* es valiente, pero no tanto —dijo.

Así pues, pasaron un tiempo desensibilizando a los caballos ante obstáculos extraños que se podrían encontrar. Rob metió algunos huesos de esqueleto en un saco y lo sacudió para hacer ruido mientras se movía por el campo. Stormie detonó algunas cargas pequeñas de su cañón de dinamita mientras los caballos trotaban cerca. Frida se bajó de *Ocelot* y se guardó en el bolsillo unos trozos de carne podrida, y luego representó a un zombi con sus peculiares andares y sus gemidos guturales.

—Sabemos que los caballos ven el color verde —informó Rob al grupo, haciendo alusión a Frida y al color que compartía con los zombis—. Así es como ven la hierba cuando están demasiado cerca para olerla.

La interpretación de Frida fue tan acertada que *Ocelot* se resistió cuando quiso volver a montarlo.

—¡Está funcionando! —gritó Rob. Sabía que querían desatar el comportamiento que querían eliminar en los caballos para poder quitarles el miedo. A continuación, hizo que Frida intentara montar en los demás caballos, incluido *Saber*.

En los siguientes entrenamientos, practicaron las escaramuzas a caballo y también a desmontar y atacar a pie. Turner y los demás encontraron demasiado aparatosos los arcos grandes para dispararlos mientras montaban.

—Creo que puedo modificarlos —dijo el experto en armas. Al día siguiente, proporcionó arcos más pequeños que reforzó con hilo de araña de cueva. Eran potentes y fáciles de manejar sobre los caballos, lo que les permitía disparar hacia el lado que quisieran.

—Reconozco que al final hemos aprendido todo lo necesario para hacer frente al ejército del doctor Dirt —dijo Turner después de que volvieran expertos en disparar a los objetivos desde su montura.

—Es un comienzo —le dijo Rob—. Ahora tenemos que practicar el trabajo en equipo.

Esto iba a ser complicado para todos. Si había algo que compartían todos los miembros del batallón, era su autosuficiencia. Era lo que les había permitido sobrevivir hasta entonces: Kim sola en el rancho de las llanuras; Jools, un cerebro entre los belicistas; Frida, Stormie y Turner, cada uno con su misión en solitario por cuestiones personales. Su independencia era su mayor poder... y también su mayor debilidad.

—En combate —explicó Rob—, actuar juntos hace que el grupo sea mucho más fuerte que cualquier otro *gamer*. Por eso las caballerías avanzan en despliegue, no en fila.

—Es mucho más efectivo —confirmó Jools.

—Incluso si ponemos una chica en la vanguardia —comentó Turner.

—Cállate, Musculitos —le advirtió Stormie.

Él se giró a mirarla.

—Ojalá pudiera —bromeó.

Frida se acercó y le dio un puñetazo.

—Me alegro de que hayas hecho esa demostración, soldado —dijo Rob, conteniendo una risotada mientras Turner se frotaba la cara—. Es hora de practicar el combate cuerpo a cuerpo y solo podemos hacerlo entre nosotros.

La sugerencia no estaba fuera de lugar. Frida y Turner llevaban tiempo siendo compañeros de entrenamiento, y el resto había experimentado muchos ataques consecutivos. En poco tiempo, ya se estaban lanzando unos a otros en el campo, sin golpes de por medio. Jools había organizado un centro de curación con varias pociones y algunos aperitivos, que ayudarían a fortalecer sus barras de hambre.

Rob observó a sus compañeros y los vio demostrando una gran habilidad, tanto a pie como a caballo. En tierra firme, podían lanzar al rival y defenderse, hacer fintas y embestidas, y también luchar con uñas y dientes si era necesario. Montados, podían cabalgar a la misma velocidad y en la misma dirección. Corrían juntos, sin dejar espacio entre ellos para que los enemigos les atacaran. Se podían mover en línea, girar a la vez y detenerse a la orden: esto último de vital importancia. Aunque deseó que el entrenamiento no terminara nunca, Rob no podía negar que el Batallón Cero estaba más listo que nunca para atacar al enemigo.

Kim se teletransportó a su lado y le dio un codazo amistoso.

—La cosa pinta bien, ¿eh, capitán?

Él asintió.

Pero ¿sería «bien» suficiente?

Rob y sus consejeros, Jools y Stormie, estuvieron de acuerdo en que su primer ataque contra el doctor Dirt y sus tropas debía ser cerca del campamento, de forma que pudieran realizar una retirada rápida.

—O una celebración rápida —añadió Stormie.

Frida había identificado un bosque montañoso en el noreste, donde se dividían la Mesa y la sabana.

—Los peñascos de un lado serán demasiado altos para que los esqueletos los escalen, pero nuestros caballos pueden usarlos como último recurso para escapar.

A Jools le gustaba que el nivel de luz bajo el denso follaje fuera lo bastante pobre como para permitirles atacar de día, cuando aún podían luchar frescos.

—Los escuadrones de criaturas tendrán ventaja de noche —mencionó—. Y nosotros tendremos la opción de retirarnos al desierto al sur de aquí, atrayéndolos a la luz del sol. —Miró a Stormie y a Rob—. He pasado el plan por mi calculadora de probabilidades y tenemos un ochenta y cinco por ciento de éxito.

Rob lanzó un suspiro.

—O un quince por ciento de posibilidades de derrota.

—¿Y qué hay de los empates? —bromeó Stormie, intentando suavizar la situación.

Mientras trabajan en una estrategia, Turner, Frida y Kim emprendieron la peligrosa tarea de capturar y domar algunos lobos. Viajaron hasta el bosque de los llanos al este del campamento con la idea de pasar desapercibidos ante los animales o someterlos si eran pocos. Los lobos les ayudarían a atacar a los esqueletos de Dirt y a cazar brujas, que dejaban caer la pólvora que tanto necesitaban. Sus reservas de dinamita eran extremadamente pobres y necesitaban conseguir tanta pólvora como fuera posible para fabricar los explosivos de su cañón.

Estas tareas fueron completadas en apenas unos días. La destreza de Kim con los animales y unos pocos huesos de esqueleto que habían recogido fueron suficientes para conseguir dos lobos leales, a los que llamaron *Cosa 1* y *Cosa 2*. El grupo localizó tres cabañas de bruja en el pantano al otro lado del bosque, y la excepcional puntería de Frida y Turner con el arco les permitió acabar con dos decenas de brujas sin tener que acercarse, evitando así que los atacaran con pociones.

Cuando los tres soldados volvieron al campamento, lo hicieron con el ánimo bien alto.

—¡No hay quien nos pare! —se jactó Turner.

—Pues entonces vayan a luchar contra el ejército de Dirt —sugirió Jools—. Yo me quedo aquí jugando con la computadora.

Rob no se tomó bien el chascarrillo.

—Recogerás los cofres para venir al frente como estaba planeado, Intendente —le dijo lanzándole un hueso—. Pero te puedes quedar un lobo como protección hasta que lo necesitemos.

A Jools le gustó la idea, igual que a *Cosa 1*. Este se acercó para pedir la costilla de esqueleto.

—Buen perrito —le dijo Jools, dando palmaditas en la cabeza del animal de color marrón plateado.

Stormie pasó el resto del día fabricando dinamita, mientras que los demás limpiaron las armaduras y las sillas de montar en el arroyo.

—Quiero una unidad limpia —proclamó Rob, creyendo en la idea que leyó en un antiguo manual de guerra que afirmaba que un batallón elegante resultaba más aterrador a ojos de los enemigos.

Finalmente, no quedó más que disfrutar de una buena noche de sueño antes de iniciar el ataque al día siguiente. Rob no era muy de rezar, pero creía en el apoyo de un buen amigo y por eso visitó a *Saber* en la cuadra antes de meterse en el saco de dormir.

Saber lo recibió con la cabeza gacha, entre dormido y despierto.

—Bueno, amigo. Mañana es el gran día —dijo Rob.

Saber meneó la cola.

—Todo lo que te pido es que vigiles dónde pisas y que sigas a tu corazón en cada salto.

El caballo salió de su ensueño y le acarició el hombro con el hocico.

—Yo también, *Saber*. Yo también.

Así pues, el vaquero se dirigió a la cama... aunque no logró dormir.

A la mañana siguiente, nadie dijo más que lo necesario mientras se preparaban para abandonar el campamento. Acorazados, armados y montados, los miembros del Batallón Cero partieron con Kim montada sobre *Saber*, detrás de Rob, para asegurarse de que no se quedaba atrás.

Su plan era cruzar la frontera montañosa, que seguramente estaría sin defender, y entonces sorprender al enemigo dentro del bosque que había cerca del flanco este. Los caballos hicieron bien su trabajo, llevándolos por las zonas altas de la Mesa entre columnas de piedra y bajando por las estepas de montaña, con los dos lobos corriendo a su lado.

—Me siento como un pato de feria —murmuró Turner mientras descendían la cornisa rocosa, fácilmente visible desde el bosque de abajo.

—Y eso eres —dijo Jools—. Aquí es donde Kim y yo nos quedamos. —Se separaron allí guardando los suministros extra y el equipamiento de los caballos. Ese sería el punto de encuentro después de... lo que fuera que pasara.

Cosa 1 se sentó junto a Jools y *Beckett*, moviendo la cola y con la lengua colgando.

Kim desmontó a *Saber* y levantó el puño.

—¡Tras ellos, Batallón Cero!

—¡A la caza! —gritó Stormie, liderando al resto de jinetes y al segundo lobo hacia lo desconocido.

Al principio no escucharon ni vieron nada en los lindes oscuros del bosque, que solo ofrecía una visión parcial a través de pequeños huecos en el espeso follaje. Sin embargo, según se aproximaban, empezaron a oír los gruñidos de los zombis y, luego, el distintivo repiqueteo de huesos.

—Dirt no se arriesgará a provocar un incendio en un bosque tan cerrado —susurró Frida—, así que no habrá creepers. Eso juega a nuestro favor.

Rob sabía que estaban preparados para enfrentarse a los zombis y los esqueletos. Sintió un leve picor bajo el peto de hierro y se sintió aliviado por tener esa distracción. Pero eso le hizo retrasarse un pelo al sacar su arco.

¡Chac! Una flecha rozó su armadura en cuanto los jinetes llegaron al bosque.

—¡Prepárense! —gritó, buscando rápidamente a su atacante. Sus ojos no se habían acostumbrado a la penumbra. ¡Ching! ¡Clac! ¡Fuop! Las flechas volaban a su alrededor y el sonido de los huesos empezó a hacerse más fuerte.

—Vista al frente, marchen. ¡A la carga!

Turner y Stormie cargaron las flechas en sus arcos. Frida envió a *Cosa 2*. Juntos corrieron hacia delante, pero los árboles del camino rompieron enseguida su formación. Rob apremió a *Saber* para que rodeara un roble y siguiera su camino, y entonces golpearon un champiñón gigante que se estampó directo contra un par de esqueletos con armadura.

Rob apenas podía tragar saliva. La flecha que lanzó a un cráneo falló por mucho, pero su siguiente disparo atravesó de pleno la armadura del monstruo y acabó con él.

—¡Genial! —gritó, y entonces notó que una flecha le pinchaba la mano.

—Has tenido suerte —gruñó Turner mientras *Duff* pasaba de largo, intentando avanzar por la espesura.

Stormie y Frida se habían quedado rezagadas tras unos rosales que sus caballos no podían saltar, pero la barrera de espinas les ofrecía cierta protección. Lanzaron una salva de flechas sobre los esqueletos, que recibieron muchas pero ninguna con un impacto fatal.

El pobre *Duff* se había refugiado junto a su jinete en una esquina con robles y champiñones, esperando la llegada de un grupo de zombis. Turner desmontó de un salto y sacó su espada de hierro, haciendo volar extremidades de zombi verde en todas direcciones. Sin embargo, sus ataques tenían un límite y un par de zombis lo alcanzaron con las hachas de madera que llevaban.

Rob pudo disparar a tiempo, pese al dolor en su mano. Él y *Saber* zigzaguearon entre los árboles y corrieron a proteger a Turner.

—¡Yo te cubro mientras vuelves con *Duff*! —le gritó.

Pero no pudo retener a la media docena de esqueletos, que no tuvieron problema en saltar la maleza para aproximarse.

¡Cachang! Tres flechas se clavaron en el casco de cota de malla de Turner.

—¡¿A eso le llamas cubrir?! —gritó.

Justo entonces, un griefer pequeño de nariz cuadrada y con tres piernas saltó sobre un champiñón cercano y se dirigió a ellos con voz nasal:

—¡Volvemos a encontrarnos, Turner!

—¡Muere, mutante! —gritó Turner, apuntando con el arco. Pero tardó demasiado. El griefer se escondió detrás del champiñón y envió a su ejército de esqueletos.

Los zombis que Turner había desmembrado, pero no matado, habían creado a más de su pestilente especie. Rob se enfrentó a ellos con su espada. «¡Hay demasiados!», pensó, con el terror empezando a invadir su cuerpo.

—¡Turner! ¡Capitán! ¡Por aquí! —los llamó Frida con desesperación.

Ella y Stormie estaban rodeadas de esqueletos. ¡Rob tenía que hacer algo rápido!

Soltó la espada y se puso dos dedos en la boca para producir el silbido más alto y más largo que jamás había dado, y entonces gritó:

—¡*Cosa 1*! ¡*Cosa 2*! ¡Tras ellos!

Sus nuevos amigos lupinos bajaron de la montaña para reunirse con sus amos. Gruñendo y babeando, devoraron a los captores de Frida y Stormie. Los huesos empezaron a caer al suelo, sonando como el peor xilófono del mundo.

A Rob se le encogió el estómago sabiendo que todavía estaban en desventaja.

—¡Batallón Cero! ¡Retirada! —dijo, viendo las caras estupefactas de sus compañeros—. ¡No se queden aquí! ¡Vamos!

Los lobos retuvieron a las criaturas el tiempo suficiente para permitir a los soldados volver a la frontera con sus monturas. Turner se giró en su silla y gritó:

—¡Estás muerto, Piernas! ¡Esto no ha terminado!

Una salva de flechas acompañó su retirada, por lo que Rob y *Saber* abandonaron la retaguardia y pusieron pies en polvorosa.

CAPÍTULO 11

Rob sintió alivio al encontrar listos a Kim y a Jools cuando el Batallón Cero volvió galopando.

—¿Hay alguien herido? —preguntó Kim.

—¡Nada importante! —dijo Turner, y entonces añadió—: ¡Volvamos a las colinas!

Los dos lobos corrieron tras ellos mientras volvían a la Mesa. Kim estuvo vigilando desde la grupa de *Saber* y les aseguró que no los habían seguido por el risco montañoso.

Ya a salvo en el campamento, se quitaron las armaduras. Turner pasó los dedos por los agujeros de su casco de cota de malla. Jools les ofreció carne para recuperar la vida que habían perdido con las flechas de los esqueletos. Rob se vendó la mano y Kim sanó los cortes que *Armor* y *Ocelot* tenían en las patas delanteras, causados por las afiladas espinas de los rosales.

Uno a uno, los soldados se fueron reuniendo alrededor de la hoguera diurna, y después de atender a los animales, Kim se unió a ellos.

—Les dieron una paliza. ¿Qué fue lo que falló?

«Exacto, ¿qué fue lo que falló?», se preguntó Rob,

cuyo enfado empezaba a sustituir al miedo. Apretó los puños. «Bueno, en primer lugar, me caí de un avión sin saber por qué y terminé en el océano de otro mundo. Luego sobreviví a mi primera noche cuando quizá estaría mejor muerto.» Miró a los miembros del batallón, que estaban sentados mostrando distintos tipos de contrariedad. «Y para colmo, tuve que conocer a la sabelotodo de Frida, al bocón de Turner... y a Jools, Stormie y Kim, ¡que resulta que son una bola de inútiles incompetentes! ¿Que qué fue lo que falló?»

»¡Pues todo! —gritó, para luego ensañarse con el grupo—. Frida, Stormie, ¡su información no valía para nada! ¡Jools, un plan magnífico! El bosque era justo el único bioma que NO deberíamos haber atacado. Y Turner...

El sargento se irguió para hacerle frente.

—¡No podrías abrirte paso ni a través de una hoja de papel!

—Oye, espera un...

—Kim —siguió Rob, enfurecido—, ¿por qué no has preparado a nuestros caballos con pociones de salto? Es como si nos hubieran puesto un muro.

—P...pero... es que no me lo has pedido —Kim parecía a punto de romper a llorar.

—Eres la jefa de caballos —le dijo Rob acusándola con el dedo—. ¡Se supone que tienes que anticipar lo que pueden necesitar!

Stormie interrumpió con voz calmada.

—Echarnos la culpa no nos servirá de nada, capitán.

—¡Desaparezcan de mi vista! —gruñó. Pero al ver que seguían allí sentados, estupefactos, se marchó en dirección a la mina abandonada.

Una vez dentro, avanzó a zancadas hasta el fondo del agujero que reflejaba su estado mental. Al llegar al callejón sin salida, dejó en el suelo una antorcha de su inventario y empezó a picar los muros de roca con un pico viejo.

¿De qué servían los genios y los forzudos si también cometían fallos? Le confió a Jools la tarea de crear un plan de batalla a prueba de bomba. Pensó que Kim comprendería que sus caballos tenían que poder saltar un escuadrón entero de esqueletos si fuera necesario. Y contaba con Turner, Frida y Stormie para acabar con los enemigos...

«Para no tener que hacerlo yo», se confesó.

La vergüenza lo inundó por dentro. ¿Qué clase de líder era? Solo un cobarde envía a sus tropas contra un enemigo al que él mismo no se va a enfrentar. Rob soltó el pico y se dejó caer al suelo, derrotado.

Después de un rato, levantó la cabeza de sus brazos. El punto donde había cavado reveló en su interior algo cuadrado y de madera.

Recogió la herramienta y agrandó el agujero. Picó y picó y pronto pudo sacar un cofre. Después de sacar telarañas, trozos de carbón y algunos lingotes de oro, encontró un viejo libro polvoriento que se estaba cayendo a pedazos.

—¿Qué será esto? —preguntó en voz alta.

Cuando sacó el libro del cofre, vio un pequeño brillo en su superficie.

«¡Debe de ser algo importante!»

Olvidando sus preocupaciones, desanduvo el camino hacia el exterior y volvió al campamento.

—¡Chicos, miren esto!

Los demás se acercaron con cautela, anticipando otra reprimenda.

Jools dio un salto al ver lo que llevaba Rob.

—¡Dame eso, es peligroso!

El resto se quedó mirando mientras le pasaba el libro.

—¡Guarda un encantamiento! —informó emocionado.

Turner miró hacia su capitán.

—Pues probémoslo con él —dijo extendiendo el brazo para agarrarlo.

Jools apartó el libro.

—Olvídalo. Esta cosa vale por un encantamiento y solo uno.

—¿Como qué? —preguntó Frida.

—Podríamos usarlo para mejorar nuestras armaduras —dijo Stormie sabiamente.

—¡Ya sé! —Turner chasqueó los dedos—. Podemos usarlo para aumentar nuestro índice de recompensa. ¡Podemos duplicarlo o incluso triplicarlo!

Jools agarró con fuerza el libro.

—O también... —sonrió con maldad—, podemos usarlo para ganar nuestra próxima batalla.

La nueva estrategia era brillante, incluso Rob tuvo que reconocerlo. Hacía uso de las trampas que ya tenían y provocaría un daño exponencialmente mayor al ejército griefer gracias a un encantamiento de espinas.

—Normalmente, este encantamiento se emplea en las armaduras para que rebote el daño hacia el atacante —explicó Jools—. ¡Pero puedo modificarlo para encantar nuestras trampas de cactus!

Rob pensó en la idea.

—Eso está muy bien —dijo Turner con desgana—, pero ¿qué usamos como cebo?

—Sí. Esas criaturas están protegidas en las fronteras de los biomas —le recordó Stormie—. ¿Cómo las sacamos de ahí?

Jools agachó la cabeza.

—Pregunta: ¿qué es lo que más les gusta a los esqueletos?

Turner levantó la mano.

—Matar.

—Exacto. Y de noche, te seguirán haya viento o marea para acercarse y tenerte a su alcance.

Kim se dio cuenta de adónde quería llegar.

—Sabemos que no tienen mucha puntería. Tienen que disparar diez veces más flechas para acertar una sola vez.

Frida empezó a comprender la idea.

—Entonces... todo lo que tenemos que hacer es correr unos cincuenta bloques por delante y esperar el espectáculo.

Stormie asintió.

—¡Los dirigiremos hacia las trampas!

Rob aplaudió por el plan.

—Una idea genial, Jools —dijo, lamentando su arrebato anterior—. Siento lo que he dicho antes, todos cometemos errores —sonrió—. Los más listos aprenden de ellos.

Turner se acercó a ellos.

—Y los usan para acabar con los tontos. Vamos, tengo una cuenta pendiente con Piernas.

—¡A darles con todo! —gritó Stormie.

Rob no quería más fallos respecto al terreno. Debería haber sabido que una línea de caballería no podría avanzar sin más por un bosque denso. Y una vez divididos, serían presa fácil. Después de haber montado a *Beckett* en solitario durante tanto tiempo, Jools pasó por alto ese detalle. Rob usó este error para recordarles lo importante que era trabajar unidos.

Retomaron las prácticas centrándose en la formación, y el capitán se aseguró de que Jools e incluso Kim, que montó sola sobre *Saber*, podían mantenerla sin problemas. Los jinetes comprobaban la posición de los demás y aceleraban o frenaban si era necesario para seguir en posición. Así empezaron a moverse como una unidad.

Cuando dominaron esta habilidad, aprendieron a aplicarla en cada acción y, finalmente, en los saltos. Atraerían a los esqueletos saltando una trampa camuflada para que cayeran en ella y murieran todos. No podían cometer ningún fallo.

Su plan requería también un poco más de exploración para encontrar el lugar de reunión nocturna de los monstruos en una frontera favorable. Stormie se dio cuenta de que en el mapa había tres fronteras que se juntaban en un punto de la Mesa.

—Si pudiéramos atraer a las criaturas de estos sitios, mataríamos tres pájaros muy feos de un tiro —dijo.

—Los esqueletos no se parecen mucho a los pájaros —discutió Rob—, pero entiendo lo que quieres decir. Con el triple de enemigos hacemos el triple de daño. Buen trabajo, chicos. —Se dio cuenta de que una pequeña felicitación funcionaba muy bien con ellos, y por eso prometió que en adelante les dirigiría con más elogios y menos reprimendas.

Le encargó a Frida una misión nocturna para localizar el mejor lugar en el que iniciar el ataque, que esta aceptó con entusiasmo.

—Deja que lo haga sola —insistió—. La infiltración es

lo que se me da mejor. —Rob estuvo de acuerdo, por lo que dejó a Turner y a Stormie trabajando en las trampas y la munición hasta que volviera por la mañana. Cuando todo estuviera listo, partirían al atardecer.

Los caballos iban a ser la clave del éxito en su estrategia.

—¿Hay algo que quieras que les dé además de una poción de salto? —le preguntó Kim a Rob al día siguiente.

—Sí —dijo él, con cierto brillo en sus ojos. Su nuevo método para motivar a los jugadores también podía servir con los caballos—. Dales azúcar. Mucha azúcar.

Más tarde, cuando el sol ya caía y el cielo azul empezaba a adquirir una tonalidad morada, los miembros del Batallón Cero comprobaron de nuevo sus armas. Aunque habían planeado una falsa retirada, quizá tuvieran que realizar una escaramuza.

—¡Turner, informe de armas! —ordenó Rob.

El sargento mostró su creciente inventario de arcos y espadas, que había aumentado con el añadido de media docena de picos de hierro de la mina abandonada.

—Son viejos, pero aún se pueden usar —comentó. Presentó con orgullo varios montones de sesenta y cuatro flechas nuevecitas para cada soldado—. ¡Recójanlas después de usarlas si pueden! —les recordó—. O si no, lo harán ellos.

No esperaban tener que usar el cañón de dinamita en aquel encuentro puesto que detonar las cargas en su propio campamento parecía contraproducente. Sin embargo, Turner delegó en Stormie y Kim la comprobación de las trampas de cactus y asfixia. Habían estado cavando, picando y amontonando en sus momentos libres hasta que tuvieron varias trampas listas y encubiertas.

—¡Escuchen! —llamó Kim—. Tienen que recordar la ubicación exacta de estas trampas. Son para los monstruos del doctor Dirt, no para nuestros preciosos caballos. Las hemos escondido para que no se vean; nosotros tenemos que saber dónde están y ellos han de caer dentro.

Stormie había teñido varias tiras de lana con la tierra de la zona y las había extendido sobre los fosos. Ahora tenían el mismo aspecto que la arcilla y la arenisca que los rodeaba, consiguiendo disimular las trampas como deseaban. Los miembros del batallón rodearon los lugares pasando por caminos marcados con arena y se esforzaron en recordar su ubicación. Todos excepto Turner. Rob lo vio escribiendo las coordenadas en el dorso de su mano.

—Cuanto menos tenga que recordar durante un combate, mejor —dijo.

Jools listó los suministros con los que podían contar si las cosas se ponían difíciles o si alguien recibía demasiados golpes. Tenían pociones para aumentar la velocidad y la fuerza, y también de curación y regeneración.

—También tengo algunos cascos extra si los necesitan —informó al grupo—, así que pídanmelos antes de salir si los necesitan. Y Rob ha encontrado unas corazas para caballos en ese cofre de la mina, pero quizá les molesten para saltar.

Decidieron que sí lo harían y que era mejor confiar en la mala puntería de los esqueletos y en la distancia que crearían respecto a ellos para mantener a salvo a *Saber*, *Armor*, *Ocelot* y *Duff*. Kim sugirió encerrar a los lobos para que no cayeran en las trampas mientras perseguían a sus presas.

—Buena idea —dijo Rob.

De nuevo, ya no le quedaba nada más que hacer antes de la batalla que ir a ver a su buen corcel. *Saber* estaba despierto esta vez, y había terminado de comer una cena ligera poco antes de que Rob llegara a la valla. No intercambiaron palabras ni relinchos, solo deseos fervientes y promesas de corazón.

Los cuatro soldados montaron en sus caballos, dejando a Kim y a Jools para proteger el fuerte... y recibir a sus enemigos.

Los jinetes viajaron hasta un punto alto donde podían observar el cruce de fronteras y, a la vez, permanecer escondidos tras una pared de matojos. Allí desmontaron y esperaron a que el sol desapareciera. Al poco tiempo, empezaron a ver movimiento en el bosque.

Era tal y como Frida había comprobado. A la llegada del crepúsculo empezaba una procesión de zombis, esqueletos y algunos jinetes avícolas que marchaban hacia la frontera central, donde los lindes del bosque, el bosque denso y el desierto conectaban con la Mesa Bryce. Si el enemigo guardaba la zona, significaba que los tres biomas pegados a la Mesa pertenecían al doctor Dirt y a sus secuaces.

—Esta tierra no es suya —masculló Turner mientras observaban el movimiento de las criaturas.

Rob dio la señal para montar. Reunió hasta la última pizca de valor en su cuerpo y gritó:

—¡Batallón Cero, a mi señal! ¡Marchen! —De inmediato salió Stormie disparada con *Armor*, seguida por Frida en *Ocelot*. Rob y *Saber* siguieron a Turner y *Duff*. «¿Quién habría pensado que alguna vez cabalgaría voluntariamente hacia un grupo de zombis y esqueletos?», se preguntó Rob.

Uno de los zombis advirtió el movimiento de los caballos. El centinela no tardó en avisar a los demás monstruos, que gruñeron a modo de alarma en dirección a la intrépida caballería.

—¡Uuuu... ooo...!

—No sé lo que están diciendo —murmuró Turner—, pero seguro que no es «¡Feliz Halloween!».

Rob apretó los labios.

—Acabemos con esto —dijo—. Hacia el frente. ¡Marchen! —El grupo tomó velocidad.

Cuando estuvieron a unos cincuenta bloques de distancia, escucharon un grito de Piernas, que sonaba como si tuviera un catarro.

—¡Alto, intrusos! ¡Estas fronteras son propiedad del doctor Dirt!

Turner le respondió gritando:

—¡Solamente un papanatas como tú le haría el trabajo sucio!

El Batallón Cero continuó su avance.

Se hizo un breve silencio. Entonces, Piernas gritó:

—¡A la cargaaaaaa!

Rob esperó hasta que los tuvieron a unos diez bloques de distancia y entonces ordenó a sus soldados:

—¡Hacia la izquierda! ¡Adelante!

Con la precisión de un reloj, los cuatro jinetes giraron en sincronía hacia la izquierda hasta formar una línea de retirada. Se movieron como uno solo, alejando de las fronteras al grupo de esqueletos y de zombis.

—¡Rápido, más rápido! —dijo Stormie, mirando por encima del hombro a sus perseguidores y luego a Rob para dirigir la fila.

Las flechas empezaron a volar tras ellos.

—No se molesten en devolver el fuego —aconsejó Rob—. ¡Solo corran!

Los cuatro caballos, llenos de azúcar y bajo el efecto de la poción de salto, corrieron como el viento.

—¡Frenen! —gritó Turner—. ¡O darán media vuelta!

Era una carrera un poco complicada. Tenían que atraer a los esqueletos para que los persiguieran sin terminar convertidos en alfileteros humanos y equinos que el rastro de zombis acabara aniquilando.

—¡Voy por ti, Turner! —gritó Piernas con su voz nasal desde su posición resguardada detrás de las tropas.

—Pues anda... —murmuró Turner—. ¡Pues anda!

Los muchos días de entrenamiento y planificación estaban a punto de dar sus frutos. El pequeño batallón barrió la Mesa en formación, dejando el espacio suficiente tras de sí para seducir a los muertos vivientes. Llegaron a la pequeña cuesta antes de su campamento y galoparon hacia el objetivo secreto.

Turner no necesitaba perder el tiempo añadiendo las coordenadas a su colección de tatuajes. Estaban grabadas en el cerebro de Rob. Este solo tenía que darles la orden de saltar en el momento adecuado... o todos sufrirían una muerte espinosa.

El sonido de las herraduras, los huesos repiqueteando, los gruñidos guturales y su respiración entrecortada llenaron el ambiente.

—¡Stormie! —llamó Rob—. ¡Cuenta atrás!

Ella miró atrás para medir la menguante distancia entre perseguidos y perseguidores.

—¡Doce bloques! Diez... nueve... ocho...

Los arqueros se acercaban, pero su puntería se volvía peor.

—Siete... seis... cinco...

Los zombis gruñían cada vez más alto.

—Y... ¡ahora!

Rob se preparó para dar la orden.

—¡Salten ahora! ¡SALTEN!

Con una sincronización perfecta, los cuatro pares de caballos y jinetes se comunicaron, respondieron y saltaron. Antes de aterrizar siquiera, la ola de esqueletos ya estaba sobre la trampa de cactus cubierta con lana, precipitándose a su interior y clavándose en las espinas encantadas.

Todo ocurrió tan deprisa que los refuerzos no tuvieron tiempo de parar antes de que la inercia los lanzara también hacia delante.

Los zombis más lentos, incapaces de detectar incluso el peligro más evidente, ni siquiera intentaron esquivar el foso ahora visible. Cayeron todos dentro. Sin embargo, su comandante griefer reconoció la estrategia y logró parar a tiempo.

Piernas miró con nerviosismo a la penumbra. Sus refuerzos aún no habían llegado. Al ver a un jinete avícola que no parecía muy vivaz, arrebató la espada de oro del bebé zombi y luego lo echó a él al foso. Montó en la gallina, dio la vuelta y corrió hacia las colinas.

Turner se preparó para correr tras él con *Duff*, pero Rob lo detuvo.

—Déjalo —dijo—. No puede hacernos nada sin sus tropas, y lo necesitamos para que informe de nuestra victoria al doctor Dirt.

Kim y Jools vertieron la arena en el foso y poco a poco fueron cesando los golpes y los gruñidos. Eso le recordó a Rob el día en que acabó con tres zombis con su columna de arena en la playa. Ahora le parecía como si hubiera sucedido hacía una eternidad.

—¡Todos presentes y a salvo, señor! —informó Stormie. Nadie había recibido un flechazo. Ningún caballo estaba herido.

—No podía esperar nada mejor —se dijo Rob en voz baja. Olvidando por un momento que esta victoria era solo la punta del iceberg, el capitán del Batallón Cero saboreó el momento sabiendo que había llevado a sus tropas a la batalla y habían vuelto con éxito y a salvo.

CAPÍTULO 12

La celebración tuvo en pie al batallón hasta bien entrada la noche. *Cosa 1* y *Cosa 2* aullaron felices a la luna. Jools hizo de DJ, reproduciendo música disco desde el amplificador de su laptop. ¿Quién hubiera pensado que Frida podría bailar así?

Mientras tanto, Stormie empapó de tinta algunas espinas de cactus sin encantar y le dibujó a Turner un tatuaje conmemorativo en el bíceps, que había mantenido desnudo para una ocasión así. Kim y Rob pasaron tiempo con los caballos apoyados en la valla y lanzándoles trozos de zanahoria de vez en cuando.

La luna cruzó el cielo y todos volvieron a su sitio habitual alrededor de la hoguera para recordar la conquista.

Turner seguía muy animado.

—¿Vieron la cara de Piernas cuando todos sus esqueletos cayeron en la trampa?

Jools se acercó y le dio un apretón de manos.

—Me ha encantado verlo huyendo mientras gritaba montado en una gallina.

Stormie se giró hacia su líder.

—¿Y qué será lo siguiente, capitán Rob?

Turner interrumpió.

—¡Repitamos la jugada!

—Ojalá pudiéramos, sargento. Pero dudo que vuelva a funcionar sin el elemento sorpresa.

Stormie se acercó más a Rob.

—Ahora el doctor Dirt nos tendrá en el punto de mira —comentó—, pero seguro que tú y Jools pensarán en algo.

Rob sonrió. Qué fácil era conseguir que lo adulara.

Frida agarró una botella de poción vacía y la tumbó en el suelo.

—Que el destino decida. —Entonces, hizo girar la botella. Se paró apuntando al sur, hacia las colinas extremas.

—¡Las colinas! —dijo—. Mañana saldré a explorar.

—Hmm... —murmuró Kim—. Los zombis y los esqueletos tendrán que cruzar el desierto para llegar allí. Lo normal sería que quisieran evitar la luz del sol.

—Ahí es donde el plan de Dirt cobra sentido —razonó Turner—. Sus secuaces siempre están cubiertos la mayor parte el tiempo. Pero la noche siempre llega a todos los biomas cuando... bueno, cuando anochece.

—Gracias por esa explicación tan concisa, sargento —dijo Rob—. He estado estudiando el mapa. Esas colinas podrían ser la clave para quitarle el control del mundo al doctor Dirt. Me he dado cuenta de que ahí se reúnen el doble de biomas que en el bosque que acabamos de liberar. Tomar las colinas extremas traería paz a una décima parte del mapa entero.

«Y puede que darme un billete de vuelta a casa», pensó.

—La paz mundial es una meta admirable —dijo Jools—, pero ahora mismo es posible que lo más importante sea volver a las llanuras de los girasoles. Si no vamos pronto, es posible que perdamos la aldea y el rancho de Kim.

Rob le echó un vistazo rápido a la jefa de caballos. Hasta el momento no había mostrado preocupación por los suministros y la propiedad que había dejado ni sobre el bienestar de sus amigos de la aldea. Había puesto el objetivo del grupo por encima de sus propias tribulaciones. Quizá fuera hora de recompensar esa lealtad.

—Decidido —dijo Rob—. Por ahora esperaremos para ir a las colinas. Frida, comprueba la actividad de los griefers en la frontera oeste de la Mesa lo antes posible. Atacaremos allí y luego montaremos hasta la aldea para reforzar nuestra influencia. —Recordó la imagen de la aldea, con el humo llenando el aire y los restos del gólem de hierro esparcidos por el suelo—. A ver si logramos devolverles la libertad a esa gente.

Kim saltó y abrazó a Rob por el cuello.

—¡Capitán! ¿Cómo podré darte las gracias?

Él se sonrojó, pero dijo:

—Quizá puedas enseñarme tu técnica para domar a los caballos...

—¡Chicos! —gritó Stormie—. ¡Tengo una sorpresa!

Se alejó de la hoguera y, desde lejos, proclamó:

—¡Por la victoria!

Al momento vieron un destello seguido de un silbido. El cielo se llenó de explosiones de luz, rojas, doradas, verdes y moradas. ¡Eran fuegos artificiales! Su comandante de artillería los había fabricado en secreto durante su tiempo libre.

—Ooooh...

—Ahhh...

—¡Miren ese morado! —comentó alguien.

Mientras los cañones disparaban unas salvas más pequeñas que llenaron el cielo de color, Stormie volvió junto a Rob para mirar.

—Es todo gracias a ti —le susurró, arrimándose a él.

Era como si Stormie fuera un imán humano y Rob fuera una armadura de hierro. Pero su papel como comandante lo obligaba a cumplir primero con su deber.

—Muchísimas gracias, artillera Stormie. Son unos fuegos preciosos. —Entonces se levantó, caminó hacia el arroyo y, apretando los dientes, saltó al agua helada.

Contentos por su conquista, el Batallón Cero parecía bien situado para organizar un ataque contra los demonios que guardaban la frontera entre las llanuras y la Mesa. El espionaje de Frida reveló que el doctor Dirt y sus legiones habían arrasado la zona, destruyendo todos los intentos de los aldeanos por reconstruir su pueblo. El rancho de Kim y sus caballos estaban a poca distancia de allí. Había que hacer algo.

Kim contactó con Aswan por chat para escuchar su versión de la historia.

—Es peor de lo que pensábamos, chicos —explicó la jefa de caballos—. Los griefers han tomado las tres fronteras de las llanuras y están manteniendo prisioneros a los aldeanos. Solo es cuestión de tiempo que se queden sin provisiones ni personal.

Rob sabía que estaría muerta de preocupación por los caballos, y aun así se centraba en los problemas de los aldeanos.

—No hay tiempo que perder —le dijo Jools—. Quiero que pienses en la mejor y en la peor situación que se puede dar cuando ataquemos mañana por la noche.

—Bueno, he estado pensando en algo —comentó el intendente—. En el mejor de los casos, les disparamos con todo lo que tenemos: el cañón, flechas de fuego y unos cuantos creepers explosivos que puedo conseguir con un huevo generador. Mientras tienen las manos atadas con eso, les disparamos con el arco desde los caballos y soltamos a *Cosa 1* y *Cosa 2*. Si todavía queda algún monstruo en pie, acabamos con ellos con las espadas y las hachas.

Todos pensaron que parecía una opción sólida.

—¿Y en el peor de los casos?

—Salimos corriendo —dijo Jools, encogiéndose de hombros—. Es todo lo que tengo.

Nadie preguntó la predicción de la calculadora de probabilidades. Si darlo todo en esta batalla no era suficiente, no importaba las posibilidades que tuvieran.

Esta vez era necesario usar las corazas para caballos. Por desgracia, ninguna de las piezas de hierro se acoplaba al enorme pectoral de *Duff* ni a su amplio trasero. Kim le dijo a Turner que no se preocupara.

—Si hay un caballo que pueda cuidar de sí mismo, ese es *Duff*.

Cuando se reunieron para partir hacia la frontera del bioma, *Armor*, *Ocelot*, *Saber* y *Beckett* iban conjuntados con sus jinetes ataviados con corazas protectoras, mientras que *Duff* acudía sin complementos.

—Me alegra que no hayas venido desnudo para ir a juego con tu caballo —le dijo Jools a Turner—. Aunque tampoco es que te quede mucha piel al descubierto.

Turner se giró en su silla.

—Un hombre debe tener tatuajes —dijo con orgullo.

El ambiente se oscureció junto con el cielo según se alejaban del campamento y se iban acercando al escenario de su siguiente batalla. Incluso los lobos parecían correr con cautela.

—Espero que Aswan esté bien —dijo Kim desde detrás del caballo de Rob, en el que iba montado—. Turner, la última vez que hablé con él, me dijo que Sundra se había trasladado al subterráneo para escapar de los incendios.

—Esa mujer se las sabe arreglar bien —respondió él—. Puede que la traiga conmigo esta vez, nos vendría bien una herrera.

A Rob no le hacía mucha gracia abandonar la Mesa. No era una opción que habría elegido. «Nada como unos largos días de aburrimiento salpicados por alguna que otra batalla aterradora.» Se permitió un breve recuerdo de su hogar con el relajante sonido de los grillos y la brisa inundada por el olor de la salvia. Aquello era lo que lo mantenía firme en la idea de defender un mundo en el que era un extraño y donde no tenía un hogar.

Salió de sus recuerdos y revisó de nuevo la estrategia para el inminente combate. Si la cosa terminaba en un combate cuerpo a cuerpo, es posible que el nombre de «Batallón Cero» terminara siendo una descripción más precisa de lo que le gustaría.

De nuevo, se escondieron detrás de unos arbustos para controlar la aparición de los monstruos. Jools y Kim prepararon una estación de abastecimiento y Frida y Stormie se alejaron para colocar en posición el cañón de dinamita. Tenían que acercarse bastante, así que Jools aceptó seguir a *Ocelot* y *Armor* con el huevo generador y luego retirarse junto a las chicas cuando los creepers fueran hacia el enemigo. Turner y Rob se prepararían para atacar en cuanto el primer cañonazo mostrara su efecto devastador.

A la señal de Rob, el grupo entró en acción.

Pero alguien los estaba esperando.

Antes de que Stormie pudiera disparar el cañón, una tropa de bebés zombi fue tras ella con los brazos extendidos.

—¡Gugu-tataaa!

Se retiró y llamó a Rob.

—¿Qué hago, capitán?

Costaba creer que aquellas extrañas criaturas quisieran hacerles daño. Lo peor que se podía decir de ellos era que olían como si estuvieran podridos. Ante la duda de Rob, Turner gritó:

—¡Vuélenlos en pedazos!

Rob lo fulminó con la mirada, pero repitió:

—¡Vuélenlos en pedazos! —El pequeño retraso permitió a la rápida horda de bebés alcanzar a Stormie y a Frida, que aún no habían montado en sus caballos. Los monstruitos sacaron sus espadas de oro e iniciaron la reyerta. Empezaron a volar pequeñas cabezas y extremidades verdes, mientras una fila de papás zombi se acercaba por detrás.

—Vamos, chicos —ordenó Rob a sus compañeros. Los caballos respondieron a su voz y corrieron hacia las chicas, dejando a Kim sola con el cofre y el lobo guardián.

—Uuuuh... oooh...

Rob y Turner retuvieron a los zombis a base de flechazos, a veces arrancando pedazos de carne y otras acabando con un monstruo. El hedor se extendió por el campo.

Cuando Stormie pudo disparar por fin el cañón, Jools ya había generado a sus creepers y los había desplegado por la zona.

—¡Envía a los lobos! —le gritó a Kim, y los dos animales guiaron a los creepers hacia los enemigos.

Stormie activó el cañón... pero no ocurrió nada.

No hubo ningún sonido.

No hubo explosión.

No hubo lluvia de zombis.

Rob miró a Turner. ¿Qué podría haber salido mal esta vez?

—Estúpidos... humanos... del... Batallón... Cero... —dijo una voz aguda y clara desde los oscuros llanos—. Este bioma... ¡es mío!

Stormie y Frida, que se habían reunido con Jools para recoger sus caballos, se quedaron paralizadas. Turner y Rob frenaron a *Duff* y a *Saber*, dudosos de qué dirección tomar.

A continuación se produjo un temblor tan aciago, tan profundo y tan convulso que solo podía proceder de las profundidades de la tierra.

—¡Tomen un poco... de... su propia... medicina! —gritó el doctor Dirt—. Y también... un poco... de la mía.

Anticipando el horror, Stormie se dio cuenta de lo que iba a ocurrir y montó en la silla, animando a Frida a que hiciera lo mismo.

—¡Corran, corran, corran! —les ordenó a todos—. ¡Hay que volver a nuestro lado de la frontera!

—¡Retirada! —gritó Rob, haciendo caso al consejo.

Justo cuando cruzaron el linde, la tierra pareció partirse en dos.

¡Buuuuuuum! Un colosal estallido abrió el suelo, disparando trozos de roca hacia el cielo. El doctor Dirt había redirigido la dinamita hacia ellos, haciendo explotar la frontera.

Rob no pudo evitar mirar por encima del hombro mientras dirigía el grupo hacia la estación de Kim. Allí se reagruparon y observaron los llanos ardiendo en el punto donde se unía con la Mesa.

—Al menos eso los mantendrá alejados de nosotros —dijo Turner, agarrando con fuerza las riendas de *Duff*.

—O puede que no —dijo Jools señalando con seriedad—. ¡Miren ahí!

Desde el muro de fuego llegó una unidad de caballería compuesta por esqueletos montados que atravesaron las llamas como si no sintieran dolor alguno.

—Esos quieren fiesta —anunció Jools.

Kim gritó:

—¡Llevan caballos zombi!

—Hay que largarse de aquí —dijo Rob, transmitiendo su pánico a *Saber*, que empezó a agitarse.

—Que alguien me ayude con el cofre —dijo Kim con ansiedad.

—¡Déjalo! —dijo Jools, y la subió a la grupa de *Beckett*—. Es ahora o nunca, *Beckett*. No hay tiempo para pociones.

El batallón salió corriendo hacia su campamento en la Mesa seguido por una interminable legión de esqueletos montados. Sus perseguidores les pisaban los talones, manteniendo la distancia de ataque. Volaban tantas flechas que algunas alcanzaron su objetivo. Primero fue Kim, y luego Frida y Stormie las que recibieron los dolorosos impactos. *Duff* sufrió una herida en la nalga. Rob sintió una flecha rozándole el cuello. Los agresores seguían acercándose.

Rob rebuscó en su memoria para encontrar algún retazo de sabiduría que los pusiera a salvo. Las pezuñas de los caballos estaban acostumbradas al terreno duro de la Mesa y todavía podían aguantar un tiempo corriendo. Sin embargo, los caballos zombi...

—¡Turner! —dijo acercando a *Saber* hacia *Duff*—. ¿Qué les pasa a los zombis que pierden las piernas?

Turner pensó un momento.

—¡Siguen avanzando!

—Eso es. Los dejaremos mordiendo el polvo. ¡Batallón, al galope!

—¡Ya vamos todo lo rápido que podemos, capitán! —gritó Stormie.

—¡No paren!

Tal y como pensaba Rob, según corrían por la Mesa los caballos zombis empezaron a desmoronarse. Una pezuña por aquí, una pierna por allá, hasta que la distancia entre ambas líneas de soldados empezó a ampliarse.

Al final, los esqueletos no pudieron mantener la distancia de tiro y se rindieron para volver a las llanuras.

—¡Virgen santa del lapislázuli! —profirió Turner—. Ha estado cerca.

Se arrastraron hasta el campamento, heridos, asustados y derrotados.

Kim se bajó de la grupa de *Beckett*.

—¡Oh, no! ¿Dónde están los lobos?

Todos miraron hacia el muro de llamas que había a lo lejos. *Cosa 1* y *Cosa 2* estaban allí cuando falló el cañón. Habían perdido a los lobos, igual que la batalla.

Kim rompió a llorar lágrimas rosadas.

Stormie se acercó para consolarla. Frida se encaró a Rob.

—¿Alguna idea más, capitán? —le espetó. No tenía respuesta.

Tenían las barras de salud al mínimo y habían perdido la mayoría de sus cosas: el batallón había sufrido un duro golpe. Estaban muy debilitados, y el doctor Dirt lo sabía.

Jools intentó razonar con su capitán.

—Déjanos ir a Stormie y a mí al Inframundo. Hemos estado allí antes. Podemos encontrar al Coronel M. y traerlo aquí.

Rob le recordó que habían prometido mantenerse juntos y no dividir el grupo.

—No podemos permitirnos perder nada ni a nadie más —dijo angustiado, sabiendo que tenía más miedo que nunca de abandonar el mundo real. Tendrían que arreglárselas sin la ayuda del Coronel M.

Se separaron para curar sus heridas, atender a los caballos y descansar junto a la hoguera apagada. Cuando Stormie, Kim, Jools, Frida y Rob se reunieron, la ausencia de los lobos resultó evidente y dolorosa. Pero faltaba algo más. Rob miró a su alrededor. *Duff* seguía en el corral, pero su jinete no estaba allí.

—¿Alguien ha visto a Turner? —preguntó Rob.

Todos se miraron unos a otros, sin atreverse a responder.

Pasaron los días y el sargento no volvió. Buscaron en la vieja mina y recorrieron todo el arroyo sin resultados. Frida ni siquiera pudo encontrar huellas. La última vez que lo vieron, Turner seguía vivo. Se había dejado a su caballo. ¿Adónde podía haber ido?

Sin uno de sus mejores guerreros, Rob ni se atrevió a

pensar en cómo iban a ganar la siguiente batalla, mucho menos una guerra por la paz del mundo. Ahora, más que nunca, necesitaba ayuda de verdad.

Para asegurar las pocas provisiones que les quedaban, rastrearon la Mesa para recoger lo que habían dejado los caballos zombis y los esqueletos. Turner jamás habría aprobado las feas flechas de los esqueletos, pero eran mejor que no tener nada. El sol abrasador intensificaba el hedor de las partes de los zombis, haciendo del trabajo algo insoportable. Pero entre la carne podrida, los huesos, las zanahorias y las patatas, se encontraba el peor objeto de todos. Frida alzó un cabestro rosa de poni con diamantes en las cintas.

—¿Alguien sabe qué es esto? —preguntó a los demás.

Kim se acercó con los ojos abiertos como platos, y entonces corrió los últimos pasos.

—Es... ¡Es mío! Era de *Starla*... —Entonces cayó de rodillas, visiblemente afectada. Finalmente, logró explicar la situación—: El doctor Dirt ha convertido mis caballos en zombis.

Kim no lloró. Pareció reunir hasta la última pizca de sabiduría y de fuerza en su interior y lo empleó en levantarse, como si fuera un cinturón que la mantenía en pie. Le hizo una súplica silenciosa a Rob.

Él entendió lo que quería decir con aquella mirada. Venganza. Y no podrían hacerlo por su cuenta.

Se quedó de pie, inmóvil, dividido entre la acción y la precaución. Fue la idea de cómo se sentiría si *Saber* hubiera corrido la misma suerte lo que le empujó a decidirse.

Ya no importaba lo que podía hacer y lo que no, lo que haría y lo que no. La ayuda que necesitaban estaba en el Inframundo y allí es adonde Rob tenía que ir. No podía enviar solo a Jools y a Stormie. Si quería pedirle lo máximo a su batallón, él tendría que dar lo mismo por ellos.

—Compañía —dijo Rob, alejándose de la hoguera y recogiendo su saco de dormir—. Prepárense. Todos. Nos vamos al Inframundo.

CAPÍTULO 13

Los miembros del Batallón Cero se prepararon para el viaje. Sin ese periplo hacia el Inframundo, el destino del mundo real, del rancho de Kim y del regreso a casa de Rob se vería gravemente comprometido. El cofre restante de suministros de Jools contenía suficiente obsidiana, pedernal y acero para crear y activar un portal del Inframundo, pero no dos. Por tanto, tendrían que marcar su avance durante su estancia allí y volver a la entrada si querían volver a ver la luz del sol... sin tener que morir para hacerlo.

El mapa y la brújula de Stormie no les serían de ayuda. Repitiendo una de las estrategias de Turner, se escribieron las coordenadas del campamento en el dorso de la mano. Estas se corresponderían de forma proporcional con los números del Inframundo, pero Jools les recordó que no había garantías de ello.

—El nivel de luz y el horrible terreno terminan alterando la percepción del espacio ahí abajo —dijo Jools—. Tendremos que dejar un rastro de migajas de pan.

—¿Qué? —Rob sabía que no tenían pan entre sus provisiones.

Jools dijo:

—La arcilla de la Mesa servirá muy bien como marca cuando estemos avanzando. Sin embargo, lo primero será crear el portal y levantar un refugio cerca. De esa forma, si le pasa algo a la entrada, tendremos algún sitio donde escondernos.

Rob tragó saliva. La idea de no poder volver le hacía sentir que no podría regresar jamás a casa... y solo había una cosa peor que eso.

—Entiendo que en el Inframundo hay altas probabilidades de... morir. ¿Qué ocurre entonces?

—Volverás aquí —respondió Stormie—. Solo tendrás que usar el pedernal y el acero para reactivar el portal y reunirte con nosotros. Si alguien se pierde, el resto del batallón se congregará en nuestra base temporal.

—Pero eso podría retrasarnos mucho —señaló Jools—. Así que no lo hagan.

—¿Morir? —dijo Rob irguiéndose—. No si puedo evitarlo. Pero ¿y el hambre?

—Con todo el fuego que hay allí, no tendremos que preocuparnos por cocinar la carne —dijo Frida con una sonrisa torcida—. Ojalá tuviéramos malvaviscos.

Rob se imaginó a sí mismo como un malvavisco clavado en un palo y tostándose sobre un charco de lava ardiente. Tenía muchas ganas de probarlo. No.

Aparte de reunir comida y equipamiento defensivo, no había mucho más que pudieran hacer para prepararse. La pregunta era qué hacer con los caballos.

—No podemos montarlos para atravesar el portal —explicó Jools—. No funcionaría. Sin embargo, podemos guiarlos para que pasen.

Rob se preguntó cómo demonios iban a hacer eso.

—Tienes que proyectar tus pensamientos en ellos —le

recordó Kim—. Olvida lo que sabes sobre el Inframundo. Piensa como un caballo. Ellos no saben que van allí, no pueden anticiparlo. Lo único que saben es que van a ir a donde les pidas, confían en ti.

—Entonces... ¿solo tenemos que entrar con confianza? —preguntó Rob.

Kim dejó entrever lo que parecía una sonrisa.

—¡Y llevar montones de chucherías!

Llenaron sus inventarios de azúcar, zanahorias, armas y munición, dejando en el campamento los objetos para hacer antorchas y pociones. La piedra luminosa les serviría como fuente de luz allí abajo, y Jools podría montar una mesa de alquimia si fuera necesario, pues en el Inframundo había ingredientes de sobra para las pociones básicas.

Rob deseó haber practicado con Turner la elaboración de flechas. Las que hizo él eran tan malas como las de los esqueletos. Stormie y Frida añadieron algunas mejores al montón, mientras que Kim se concentró en llenar sus inventarios de adoquines, madera y hierro. No encontrarían ninguno de esos recursos para levantar el refugio en aquel terreno lleno de fuego e infiedras.

Pese a lo difícil que parecía la orden, Rob valoró la situación lo mejor que pudo. Se acercó a sus cuatro soldados y les dijo:

—Los caballos serán nuestro mejor recurso en esta misión. Con ellos podremos movernos más rápido que a pie o teletransportándonos. Kim, una vez entres en el portal, quiero que montes sobre *Duff*.

Ella asintió en silencio. Nadie mencionó al jinete desaparecido a pesar de que todos pensaban en él.

Rob se dirigió a Jools.

—Intendente, puesto que eres el único de nosotros que ha tenido contacto directo con el Coronel M., serás nuestro intermediario. Necesitaremos tu participación activa en esta tarea —hizo una pausa—. ¿Podemos contar contigo?

—Sin duda —respondió Jools.

—Estupendo —dijo Stormie, aprobando el reparto de tareas que estaba tomando el batallón—. Yo me ofrezco como voluntaria para guiar el camino. Incluso sin el mapa y la brújula, si una persona va tomando nota tendremos más posibilidades de mantener el curso. Y también habrá menos discusiones.

—No habrá ninguna discusión —insistió Rob—. Tenemos que actuar como una unidad. Este mundo depende de ello.

Se ataviaron con las armaduras y les dieron los dulces a los caballos. Ya no quedaba nada por hacer más que iniciar el viaje. El portal estaba construido, el fuego encendido, y el portal hacia su infernal destino abierto, esperando.

Uno a uno, fueron pasando a sus caballos hacia el interior: primero Stormie con *Armor*, luego Frida y *Ocelot*, Kim y *Duff*, y Jools con *Beckett*. Su capitán echó un último vistazo a la luz del sol, le silbó a *Saber* y caminó hacia el portal. Una luz morada se difuminaba y ondeaba a su alrededor. En aquel espacio se arremolinaban los sonidos de un millar de niños gimoteando.

Una vez más, Rob se adentraba en lo desconocido. Su pánico le devolvió el recuerdo de su caída inicial desde el avión y el aterrizaje en el océano. Si no hubiera sido por *Saber*, al que guiaba con la rienda, estaba convencido de que habría empezado a gritar hasta morir. Pero un hombre debía guiar a su caballo o este terminaría guiándolo a él, y no siempre lo hacen hacia donde uno quiere.

Todos los jinetes habían aprendido la lección por la mala durante su entrenamiento. Intentaron mantener la calma, un ejercicio que resultaba más fácil para aventureros como Frida y Stormie, y en unos instantes aparecieron en la dimensión inferior. Kim estaba en lo cierto: los caballos les habían seguido hasta el Inframundo, donde anduvieron cómodamente sobre la infiedra.

Se movieron en fila. El aire olía a azufre y carbón, y dejaba una sensación húmeda sobre la piel. Los ojos de Rob se ajustaron a la penumbra justo a tiempo para evitar caer por el estrecho saliente en el que se encontraban, directo a un amplio lago de lava brillante.

—Voy a buscar un espacio abierto donde podamos montar —susurró Stormie desde la vanguardia—. Es imposible que fortifiquemos el portal con la piedra de por aquí. Apenas podemos movernos en este saliente.

La visión del alto acantilado de infiedra a un lado y la profunda piscina de lava en el otro terminaron mareando a Rob. Estiró el brazo con cuidado y asió la cola de *Beckett*, confiando en que la estabilidad del animal lo guiaría con firmeza.

De pronto, una columna de fuego estalló justo detrás de *Saber*, que iba al fondo de la fila. Al sentir el fuego en su trasero, el caballo saltó hacia delante empujando a Rob, que besó las nalgas de *Beckett* y creó una reacción en cadena.

—¡Eh!

—¡Uf!

—¡Ay!

—Pero ¡¿qué...?!

Por suerte, el movimiento fue hacia delante y no hacia los lados y abajo.

—¡Lo siento, chicos! —dijo Rob—. No he tenido tiempo de practicar las piruetas de fuego con *Saber*. —Lo cierto es que el caballo estaba claramente asustado y se revolvió por el precario saliente de infiedra hasta que Stormie encontró un camino que llevaba a un espacio abierto. Allí se detuvieron y se calmaron todos.

Rob entendió que mientras estuvieran tranquilos, los caballos se calmarían también. Luchó contra el miedo que le provocaban todos esos monstruos de los que había oído hablar y empezó a dar las primeras órdenes con lo que esperaba que fuera su voz normal.

—Frida, *Ocelot* debería poder avanzar bastante bien por estas extrañas trincheras. Explora la zona cercana para encontrar un lugar donde levantar la base.

—¡Sí, señor! —dijo ella, y se marchó con cautela.

—Stormie, Kim. Elijan juntas la ruta más rápida para llegar a la fortaleza que estamos buscando. Jools, tú establece una ruta sin obstáculos que nos mantenga vivos hasta llegar allí.

—¿Cómo te sientes, capitán? —preguntó Stormie, preocupada.

—Estoy bien —dijo Rob, pensando «estoy muerto de miedo»—. Yo voy a montar guardia —prometió, mientras pensaba «solo por la falta que hace aquí».

Fue una suerte que al menos fuera mínimamente útil como centinela, porque lo único que podía hacer en aquel momento era observar el escenario que los rodeaba. Jamás había estado tan atónito y había visto nada como aquel sitio. El paisaje, completamente extraño, le recordó la vez que comió lagarto cornudo. Un amigo había matado y cocinado al reptil un día que acamparon juntos, y Rob recordó la sensación de tragar algo que no había introducido jamás en su cuerpo. Por supuesto, no ocurrió nada, pero no puedo evitar pensar que desde aquel momento era una persona diferente. Aunque fuera solo una molécula.

«¿En qué me convierte eso ahora?», se preguntó, observando los alrededores. Aquella dimensión parecía encontrarse atrapada entre un techo y un suelo de piedra base, con bloques de piedra luminosa sobre sus cabezas, aunque no los suficientes para ver con claridad; tenía que fijarse en los contornos e imaginar el resto. La zona adyacente al lago de lava tenía más brillo, pero no había nada especialmente reconocible excepto algunos árboles disecados. Las formaciones que se alzaban desde el suelo bien podrían haber sido creadas por un gigante que hubiera masticado la infiedra y la hubiese vomitado por todas partes. Algunos bloques contaban con grietas muy profundas, mientras que otros estaban completamente calcinados.

Rob temió que aquel mundo subterráneo tan oscuro y extraño dejara tal marca en su alma que jamás volviera a ser el mismo.

Oyeron unos gruñidos y Rob divisó a un grupo de zombis de color rosa y verde.

—¡Hombrecerdos! —susurraron, y Jools movió las manos en silencio, indicando que era mejor no hacer nada.

—Ignórenlos —aconsejó—. Trátenlos como a los endermen y no nos molestarán.

Rob luchó contra el instinto de atacar a los zombis mutantes con su espada de hierro. Zarandeó un poco la rienda de *Saber* para atraer su atención y que no les hiciera caso. Cuando se marcharon y volvió Frida, el resto de los jinetes volvió a montar y la siguió una corta distancia hasta una zona relativamente llana que era lo bastante amplia para levantar un pequeño refugio.

Kim cuidó de los caballos y les cantó un poco mientras los demás construían las paredes y el techo de adoquines y también barrotes de hierro para las ventanas.

—Odio usar una puerta de madera —dijo Frida mientras la colocaba—, pero tendremos que arreglárnoslas con esto por ahora.

Stormie hizo unas pocas columnas de arcilla anaranjada para marcar el lugar.

—Si se separan o si mueren, pueden orientarse buscando este punto. El resto los recibirá aquí —dijo. El grupo dejó algunas provisiones sobrantes en un cofre.

A continuación partieron en la dirección que Jools había calculado que los llevaría a la fortaleza donde el amigo de Aswan le dijo que podrían encontrar al Coronel M. El caballo de Stormie, *Armor*, era muy inteligente y fue la opción idónea para dirigir al grupo. *Ocelot*, *Beckett* e incluso *Duff* estaban nerviosos, impresionados por el calor de la lava burbujeante que estaban rodeando. Rob tuvo que retener a *Saber* más de lo habitual porque quería salir corriendo y no podían permitirse una estampida.

El empeño del vaquero por mantenerse calmado se derrumbó al poco tiempo. Entre aquel siniestro silencio, se alzó un chirrido como el de una puerta con una bisagra oxidada. Vino seguido de unos gemidos infantiles, pero Rob no vio nada. Sin embargo, mientras el batallón se alejaba del lago ardiente, un enorme cubo flotante descendió hacia ellos.

—¡Un ghast! —gritó Jools.

La colosal criatura flotaba de forma mucho más suave de lo que Rob esperaba. De su gran cabeza partían media docena de tentáculos, como si fuera una medusa mal dibujada. «¿Cómo iba a ser peligroso algo así?»

A modo de respuesta, el ghast les lanzó una gigantesca bola de fuego, y luego dos más. ¡Bum! ¡Bum, bum! Las explosiones fueron cerca, destrozando la infiedra y provocando que los caballos se espantaran y todos temieran por su vida. Eso explicaba por qué el terreno era tan irregular, pensó Rob, jalando la cabeza de *Saber* para que dejara de brincar. Parecía que los ghasts no veían, no apuntaban o ambas cosas.

El ghast se rio y lanzó otro potente proyectil. Frida y Stormie le dispararon flechas sin efecto alguno, pero Jools tuvo el valor de esperar a que la bola de fuego estuviera cerca. Rob y Kim vieron cómo le daba un puñetazo. En vez de explotar, la bola rebotó de vuelta hacia el ghast. ¡Bum! Un ghast menos.

Todos lo vitorearon, y Jools agachó la cabeza con modestia.

—Era un as en el críquet —dijo.

Frida fue a recoger la pólvora y la lágrima de ghast que había dejado el monstruo al estallar.

—¡Sigan! —dijo—. ¡Ahora los alcanzo!

Tenían que seguir moviéndose a toda costa. Sus barras de salud y de hambre serían más complicadas de rellenar allí abajo, y cuanto antes encontraran al Coronel, antes podrían marcharse.

Siguieron un largo camino diagonal, esquivando fosos, trincheras y pequeños charcos de lava. Pero cuando llegaron a un arroyo ardiente que caía por el costado de otro acantilado, se dieron cuenta de que no tenían más remedio que cruzarlo. A los jinetes menos experimentados no les hizo mucha gracia la idea.

Rob acercó a *Saber* a la orilla.

—Déjenme saltar primero —apremió—. Crucen por el mismo sitio, mantengan la velocidad y por lo que más quieran, ¡no miren abajo! —Si podía confiar en *Saber* para hacer algo, eso era sin duda saltar cualquier cosa. Pero ¿se atrevería con un riachuelo de lava?

El vaquero golpeó con los talones los costados de *Saber* e hizo su trabajo como jinete: visualizarlos saltando una valla, concentrándose en ajustarse sobre el punto de equilibrio de *Saber* y, lo más importante, no mirar abajo. Eso era todo lo que el caballo necesitaba. Rob deseó haberlos visto a los dos volando sobre la barrera ardiente como si fuera otro salto cualquiera en el campo. Cuando las patas delanteras tocaron la infiedra, los llamó por encima del hombro.

—¡Adelante, batallón! ¡Salten!

No se giró para que los demás caballos no dudaran. Hizo parar a *Saber* y esperó. *Armor* llegó primero, bufando; *Ocelot* fue el siguiente, con la nariz bien abierta; *Duff* saltó sin mucho nerviosismo...

—¡Chicos! —gritó Jools desde atrás.

Todos se giraron a mirar.

Beckett seguía al otro lado, revolviéndose, negándose a cruzar el temible río.

No había más remedio. Rob dio la vuelta a *Saber* y repitió la demostración cruzando al otro lado. Entonces le dio a Jools un extremo de sus riendas.

—¡Espoléalo! —le ordenó, y ambos caballos iniciaron un galope frenético, con *Saber* arrastrando al otro caballo—. ¡Otra vez! —gritó Rob, y con un impulso desesperado, *Saber* saltó seguido por *Beckett*, aterrizando luego en el otro extremo.

—Ahora acarícialo —dijo Rob, haciendo lo mismo con una mano temblorosa. Los caballos eran animales increíbles. Desde luego, más que los humanos.

Kim repartió terrones de azúcar para todos.

Continuaron el camino que Jools había decidido, mientras Stormie colocaba marcas de arcilla por donde pasaban. De pronto, paró a *Armor* y se rascó el casco. Delante de ellos había una columna de arcilla del mismo color. Anduvieron un poco más y encontraron otra... y otra.

¿Acaso había alguien intentando desorientar al batallón? ¿Habría otro grupo que casualmente usaba las mismas señales?

Después de girar una pared de infiedra, una inmensa estructura oscura se levantó ante ellos compuesta enteramente por adoquines, con un montón de bloques de arcilla anaranjada frente a ella. Desde el interior se oía el sonido de huesos crujiendo y el crepitar del fuego. Sobre el edificio permanecía una nube de humo. La luz de una antorcha iluminó la entrada de piedra al abrirse.

Había alguien dentro.

CAPÍTULO 14

—Los he estado esperando —dijo una voz masculina que era profunda y rica, como un tamborileo solemne.

Los jinetes contuvieron la respiración cuando la puerta se abrió un poco más.

El umbral se llenó con una enorme cara humana, con la piel de color cuero marrón, los ojos brillantes y más incisivos que las bolas de fuego del ghast, y una melena plateada que se mantenía en algunos sitios y se desbordaba por otros. Tras la poderosa mirada había un cierto talante que Rob agradeció ver. Era la cabeza gigante más amigable con la que jamás se había encontrado: la única, en realidad.

Curiosamente, a través de su rostro pudo ver una hilera de antorchas que ardían en un armazón de hierro y algo retorciéndose tras la luz que proyectaban. Rob le dio un codazo a Jools.

—Ah, sí —tartamudeó Jools, que por una vez pareció perder la compostura. Acercó a *Beckett*, que se aproximó reacio—. ¿Coronel M.? Nos conocimos hace tiempo.

—Te recuerdo —dijo la cabeza con voz atronadora, provocando que el resto de caballos retrocediera unos pasos—. Jugaste un pequeño papel ayudando a mis amigos a liberar su generador de redstone de las garras del sindicato.

—Bueno, yo...

—Y ahora quieres que te devuelva el favor.

—Usted no me debe...

—¿...nada? ¿Entonces qué quieren de mí?

Jools miró a Rob.

—Bueno, nosotros...

La cabeza le interrumpió.

—Sé por qué han venido. ¿Por qué no montan esos caballos para atacar a sus enemigos en el mundo superior en vez de perder el tiempo en mi puerta? No recibo bien las visitas.

Esto molestó a Rob.

—No somos niñas vendiendo galletas, señor —dijo, quizá con demasiado énfasis.

La boca de la cabeza se abrió tanto como la entrada.

—¡Silencio! —estalló, haciendo que tanto jinetes como caballos se echaran a temblar—. No tienen derecho a pedirme nada sin ofrecer compensación alguna. —La cabeza del Coronel hizo una pausa—. ¿Y bien?

Duff, reacio, se acercó según le ordenaba Kim. Esta sacó de su inventario el estribo rosa que perteneció a uno de sus ponis secuestrados.

—Para su caballo, señor —se aclaró la garganta—. Es ajustable.

—Bueno, quizá pueda aprovechar los diamantes —murmuró la cabeza, marcando cada palabra como a golpe de bombo.

La entrada se abrió por completo y la cabeza pareció darles la bienvenida sin mucho ánimo.

Los jinetes desmontaron e hicieron pasar a sus inquietos caballos hacia el vestíbulo de la fortaleza. Rob observó una gran sala de adoquines con una rejilla de hierro como pared trasera, que mantenía a raya a las agitadas y ruidosas criaturas que se agolpaban desde el otro lado. Se parecían a los esqueletos contra los que había luchado anteriormente, pero eran negros como el carbón y llevaban espadas en vez de arcos. Las espadas repiqueteaban contra el hierro del enrejado.

—Esqueletos wither —comentó Jools—. Buenos guardianes.

—Están a mi servicio —dijo el Coronel M. mientras su cabeza flotaba hacia atrás para hacer espacio a los *gamers* y a sus caballos.

—Muy amable por preparar esta sala a prueba de esqueletos —dijo Stormie, intentando romper el hielo.

—Solo para visitas autorizadas —declaró el coronel, con los ojos brillando.

Con la luz de la habitación, Rob vio algo moverse en una esquina de la entrada. Se giró y, sorprendido, dio un respingo contra el hombro de *Saber*.

—Ya era hora de que llegaran —dijo una voz familiar.

Allí estaba Turner, vivito y coleando, con el pie apoyado con naturalidad sobre un pequeño slime magmático. El oscuro reposapiés irradiaba calor a través de sus ojos rojos, amarillos y naranjas.

Cuando el grupo lo reconoció por fin y se quedó con los ojos como platos, dijo:

—Le estaba contando al coronel cómo obligamos a Piernas a retirarse montado en una gallina.

El Coronel M. dejó escapar una risa ahogada.

—Gran idea lo de esas trampas —reconoció, y entonces se giró hacia Rob—. ¿Es este el inocentón que mencionabas?

—El novato, sí. Coronel M., le presento al capitán Rob. Novato...

La espectral cabeza se acercó hacia Rob y su caballo.

—Son carne de dragón del Fin —le espetó—, pero pueden quedarse a descansar. Luego se marcharán.

—¡Turner! —exclamó Frida, frunciendo el ceño—. ¿Qué demonios haces aquí?

—No pensaba que el novato sobreviviría a un viaje al Inframundo. Desmonté el portal después de cruzar para que no cayera dentro y muriera.

Rob se volvió rojo como un tomate.

—Gracias, Turner, pero puedo cuidar de mí mismo. Lo que has hecho es alta traición. —Su treta les había costado a él, a Frida, a Kim, a Jools y a Stormie horas de preocupación y de búsqueda inútil.

—¡Traición! —repitió el coronel—. ¿Por qué motivo?

—Si me permite, señor —empezó Rob—, nuestra unidad de caballería se estaba preparando para defender el mundo real de una invasión de frontera por parte de los griefers. Turner se ausentó sin permiso.

Los ojos del coronel se oscurecieron. Mirando a Turner, exigió:

—¡Explícate, soldado!

—¡Eso! —dijo Frida, apretando los labios.

Turner pateó el slime magmático y se incorporó.

—Encontré las coordenadas de la fortaleza en el historial de Kim. Pensé que le podría ofrecer mis servicios al Coronel antes de molestarlo con nuestro... pequeño problema.

—¡Pequeño problema! —repitió Stormie—. ¡Referirse a una guerra mundial como pequeño...!

La mirada del Coronel M. los deslumbró a ambos como un faro.

—Bueno, para él puede que sea pequeño —se defendió Turner—. De hecho, él ha pensado que podría aprovechar un poco de fuerza bruta para mantener a raya a las criaturas. Estábamos aclarando los detalles cuando aparecieron.

Jools estaba furioso por el peligro en que Turner los había puesto por razones personales.

—¿Quieres decir que prefieres quedarte aquí si te hace una oferta mejor?

El mercenario se relajó y volvió a poner los pies en alto.

—Sé que en el Inframundo no hay tantas muchachas de buen ver, pero con el salario adecuado, uno puede vivir aquí bastante a gusto...

La cabeza pareció aumentar de tamaño mientras subía como si fuera un cráneo sin cuerpo.

—El dinero —dijo el Coronel M.— no tiene cabida en una misión justa. —Sus ojos dispararon un rayo que apartó al slime magmático de debajo de sus pies, haciendo que el sargento se escurriera hacia delante y cayera al suelo—. Retiro mi oferta. Ahora, márchense todos, ¡antes de que abra el enrejado! —dijo, volando amenazante hacia el lugar donde los esqueletos wither golpeaban con sus espadas y huesos.

Los caballos forcejearon con sus dueños, asustados. Turner y los demás corrieron hacia la entrada de la fortaleza. Todos excepto Rob.

—No —dijo, agarrando las riendas de *Saber* con todas sus fuerzas.

El Coronel M. no podía creer lo que veía. ¿Lo estaba

desafiando aquel hombre, mero pasto para los dragones?

Rob no había ido hasta allí para que le dieran un manotazo como un insecto molesto. De nuevo, recordó aquella terrorífica primera noche y todos los peligros a los que se enfrentó. La pérdida de Turner, de los caballos de Kim, haber traído a sus amigos hasta el lugar más horrible y peligroso que existía... Lo había arriesgado todo y lo único que había obtenido era dolor.

—Se supone que es usted una gran leyenda —replicó al descomunal fantasma—. Un experto jinete que solo hace el bien. —Soltó las riendas de *Saber* y se acercó al Coronel, dejando que el caballo se fuera con los demás—. ¡Mírese! Ni siquiera tiene cuerpo. Las únicas tropas que manda son un puñado de esqueletos quemados. La única «misión justa» que le interesa es rechazar a la gente que llama a su puerta en busca de ayuda. Si no le importamos lo más mínimo —dijo señalando a sus compañeros—, al menos podría dar refugio a nuestros caballos. Se han jugado el pellejo para traernos hasta aquí... ¡y están asustados!

El grupo entero guardó un silencio sepulcral. La paciencia de su anfitrión estaba a punto de terminarse, y era de esperar una muerte rápida para todos los presentes.

Rob citó:

—«En ningún caso hay que castigar a un caballo por su timidez.» —La pavorosa mirada del coronel se deshizo de inmediato.

—*Tácticas de caballería de Cooke*, 1862 —murmuró—. Un buen jinete antepone primero a su caballo. —Un destello de diversión volvió a sus ojos—. Me gusta tu estilo, capitán. Y agradezco el recordatorio —dijo agachando la cabeza—. Ha pasado mucho tiempo desde que dirigí una caballería.

—No sé si tendrá un poco de agua —murmuró Rob—. Creo que les vendrá bien beber un poco.

El estado fantasmagórico del Coronel M. le permitía prescindir del agua, y de la comida también, pero su caballo *Nightwind* todavía conservaba su forma corpórea. El oficial invitó a sus visitantes a que dispusieran de su depósito ignífugo de heno y de su fuente infinita de agua.

—Debe de ser muy poderoso para tener agua aquí en el Inframundo —dijo Jools, observando a *Beckett* beber de una cubeta.

—¿Cómo te crees que se las arregla siendo solo una cabeza? —dijo Turner.

—Me gustaría saber cómo ha terminado así —susurró Stormie.

El anfitrión flotó hacia ellos desde otra habitación.

—Les contaré cómo ocurrió —dijo—. En la batalla final de la Primera Guerra, mi unidad se vio muy superada en número por las huestes enemigas. Mis hombres necesitaban un señuelo para ir por detrás y rodear al enemigo desde el flanco trasero.

—¡Fue usted! —dijo Rob con un grito ahogado.

La cabeza asintió.

—Yo mismo. Recibí tanto daño de golpe que jamás pude renacer con mi cuerpo.

—Pero... ¿y *Nightwind*? —preguntó Kim.

—Le dejé atado, lejos de allí. No movió un pelo.

—Qué bien entrenado —dijo sorprendida, apreciando su habilidad.

—Pero ¿por qué se mudó al Inframundo? —quiso saber Frida.

El Coronel M. la miró con una expresión divertida.

—Me pareció una buena idea —paseó entre los caballos para comprobar que habían bebido de sus cubetas y que encontraban sabroso el heno—. Ahora parece un buen momento para volver al mundo superior. Para intentar terminar lo que empecé.

—¿Quiere decir... que va a ayudarnos? —soltó Rob.

El coronel asintió al resto del batallón.

—Aquí tienen todo lo que podrían necesitar —dijo—. Lo único que puedo hacer es supervisarlos.

Rob no había estado nunca tan emocionado por la idea de que alguien le dijera lo que tenía que hacer. Pero tenía que mantener su autoridad.

—Estaremos encantados de que monte con nosotros, Coronel, pero yo dirijo esta unidad.

La cabeza se mostró desconcertada de nuevo.

—No es una tarea que desee reclamar. Ahora soy un civil. Coronel solo en nombre.

Cerrado el acuerdo, todo lo que tenían que hacer ahora era volver al portal.

—Como siempre digo, nada como una escapadita al Inframundo —comentó Turner desde su silla sobre *Duff*.

El Coronel M. le confió a Kim su caballo *Nightwind* después de escuchar su historia y observar lo rápido que había encandilado al animal. *Nightwind* era el animal más grande que jamás había montado, pero su cuerpo era tan proporcionado que no parecía tan alto desde la silla. Respondía al más mínimo movimiento de sus riendas, de manera tan eficiente que, en realidad, no tenía que hacer más que sujetarlas con firmeza.

La pareja guio al resto del grupo sin que hubiera incidentes hasta el arroyo de lava donde *Beckett* se había resistido. Siguieron el camino de vuelta gracias al rastro de columnas de arcilla que había dejado Stormie. Esta le mencionó a Turner que sus señales les habían hecho pensar que algo fallaba.

—Las grandes mentes piensan parecido —dijo, haciendo que el Coronel M. moviera sus grandes ojos hacia Rob.

Sin embargo, hubo un momento de pánico cuando un numeroso grupo de esqueletos wither les bloqueó el camino en el estrecho saliente que tocaba el lago de lava. Gracias a la presencia del Coronel M., la amenaza no llegó a consumarse: los que aceptaron su orden de retirarse se marchitaron, literalmente, ante él; los que lo desafiaron con sus arcos negros fueron arrojados por un soplido de sus descomunales labios al mar de fuego, donde gritaron, ardieron y se hundieron para siempre.

Según se acercaban al portal por el que habían entrado al Inframundo, Stormie cuestionó de nuevo su orientación.

—Estaba... justo aquí —tartamudeó.

Pero ya no estaba.

Tras rastrear la zona y agacharse en el borde del saliente, Frida identificó un trozo de bloque de obsidiana pegado en el acantilado de infiedra como una galleta en un helado.

—¡Parece que eso es todo lo que queda! —gritó—. Lo habrá destruido el ghast. Busquemos el refugio y montemos un nuevo portal.

La obsidiana de Turner bastaría para construir otro. Mientras él y los demás empezaban a fabricar el portal, Rob sintió que le invadía un cansancio abrumador. El líderazgo había consumido gran parte de sus fuerzas. Quizá podría permitirse una siestecita ahora que todo estaba bajo control. Agarró el saco de dormir de la silla y dejó a *Saber* con los demás caballos.

Frida le vio dirigirse al refugio de piedra.

—Pero ¿qué...?

Él se metió dentro, se arrodilló en el suelo y desenrolló el saco.

Frida abrió la puerta de golpe.

—¡Rob! ¡No lo hagas!

—¿Que no haga qué? —preguntó metiéndose en el saco y preparándose para dormir un poco.

¡Bum! La repentina explosión fue lo bastante fuerte para lanzar a la soldado hacia las ramas de un árbol marchito.

«No voy a salir de esta», pensó Rob mientras Jools y Stormie llevaban su débil cuerpo hacia el nuevo portal. Su barra de salud se había vaciado casi por completo.

—¿Cuántas veces tengo que decírtelo? —lo reprendió Turner—. ¡Nunca duermas en el Inframundo!

—No me lo has dicho nunca —gruñó Rob—. ¿Cómo iba a saber que mi cama explotaría?

Frida hizo un gesto de dolor. Estaba orgullosa de haber mantenido a salvo a su inocente amigo hasta el momento. Ella también había recibido algo de daño por haber sido arrojada al árbol y luego caer sobre unas infiedras puntiagudas.

Después de que Turner activara el portal, Jools, Stormie y Rob entraron en él, y luego ayudó a entrar a Frida en la niebla morada.

Kim dirigió a *Armor*, *Saber* y *Ocelot* por el pasadizo dimensional. El Coronel M. fue quien guio a *Beckett*, *Duff* y *Nightwind*. El Batallón Cero recibió de nuevo la luz del sol y avanzó con cautela hasta su campamento.

Vieron humo a lo lejos. Stormie levantó una mano, deteniendo su progreso. Por un instante, se preguntó si el portal había fallado. Había decenas de pequeños incendios donde debería estar su campamento base. ¿Acaso seguían en el Inframundo?

Pero el sol brillaba sobre sus cabezas, y la Mesa seguía igual que como la dejaron. Se acercaron al campamento. La única señal de vida era una gran gallina, que corría en círculos.

—¡Griefers! —murmuró Jools.

—Un griefer en particular —gruñó Turner—. Esa gallina es una señal de Piernas. —Le pasó las riendas de *Duff* a Kim, exploró la zona y echó al fuego al pájaro enloquecido. Recogió la carne cocinada y se la pasó al grupo—. Pues esto es mi señal —dijo, más dispuesto a vengarse que nunca.

Pero las represalias tendrían que esperar.

—¡Estamos más indefensos que los cachorros de ocelote! —dijo Jools—. Ya hemos perdido un cofre de provisiones en el refugio del Inframundo, y ahora nos hemos quedado sin suministros.

¿Cómo iban a organizar un ataque sin armaduras, pociones, armas ni munición?

—Ya les dije que juntar nuestros inventarios era una estupidez —se quejó Turner al capitán, que seguía junto a su vieja hoguera.

Esto también lo habían arrasado.

Rob no tenía fuerzas suficientes para sancionar al

sargento por su insubordinación, pero le lanzó una cubeta de su inventario personal y le ordenó que apagara los fuegos.

Gracias a una poción de regeneración que prepararon Jools y el Coronel M., la salud y el vigor volvieron poco a poco al líder del Batallón Cero. Su dignidad, sin embargo, había recibido daños más profundos. No podía evitar pensar en la pérdida de provisiones que había ocasionado. Su error le podría costar al grupo todo lo que esperaban conseguir en el futuro.

Mientras paseaba pensativo junto al arroyo de la Mesa, el Coronel M. se unió a él. Entendió perfectamente el dilema al que se enfrentaba porque había estado en la piel de Rob. El viejo fantasma le preguntó al comandante novato:

—¿Qué hace ser a una caballería lo que es?

—Bueno... los caballos —respondió Rob—. Y los soldados —añadió, viendo cómo asentía el coronel.

—En algunos casos —dijo este—, ha habido batallas que se han luchado sin una sola espada. Ten en cuenta esas trampas tan efectivas que haces. —Se alejaron un poco caminando—. No siempre puedes repetir una estrategia con éxito... pero puedes modificarla.

Los dos discutieron sobre cómo usar subterfugios para volver a la aldea, reunir provisiones y reagruparse para otro asalto contra el doctor Dirt.

—Piensas demasiado en las tácticas modernas —señaló el Coronel M.—. ¿Cómo puedes usar las dos cosas que tienes para conseguir lo que quieres?

Caballos... y hombres. Rob los imaginó como piezas

de ajedrez y los movió en su mente. Los caballos, incluido *Beckett* si tenía un líder capaz, podrían llevarlos corriendo hasta la aldea o a cualquier otro campo de batalla. «¿Qué es lo que cada uno hace mejor?», se preguntó, pensando en sus jugadores. Contaba con un grupo con mucho talento. Si potenciaba sus puntos fuertes, podrían ganar sin disparar una sola flecha.

No tenía sentido quedarse en las ruinas del campamento. Rob reunió al batallón.

—¡Kim! Necesitamos información de Aswan. Averigua si la aldea ha conseguido otro gólem de hierro. Y Turner, pregunta a Sundra si tiene suficiente hierro para armar a los aldeanos con palas de las buenas.

Turner lo miró de refilón.

—Guárdate los comentarios. Jools, Stormie, volvamos a estudiar el mapa.

El Coronel M. se alejó con satisfacción en su cara.

—Ese chico es un líder nato —le aseguró a Frida, que se sorprendió por estar de acuerdo con él. No hacía mucho, había engañado a Rob con una zanahoria de madera. Pero ahora había recorrido un largo camino.

Kim informó de que la aldea sí contaba con un nuevo gólem, y Turner persuadió a Sundra para que hiciera tantas palas como pudiera.

—¿Y ahora qué? —preguntó Stormie. Había localizado un montículo detrás de la aldea que se podía conectar con la parte superior del muro exterior con un puente, creando una entrada trasera aún inexistente. Una brecha así dejaría la aldea muy expuesta... si es que algún enemigo llegaba a enterarse.

Jools chasqueó los dedos al atar cabos.

—Hacemos que Aswan y sus amigos instalen el puente de día, cuando las legiones de Dirt están en sus cuevas. Lo camuflan un poco...

—...usando telas teñidas para que parezca el muro de siempre —completó Stormie—. Nadie se dará cuenta de que está ahí.

—Luego, Aswan ordena que caven una fosa en el portón frontal, donde siempre ataca Dirt —continuó Jools—. La camuflamos también.

Frida ya veía cómo funcionaba el plan.

—El gólem de hierro se queda en el lado de la aldea y los esqueletos y los zombis corren a atacarlo para saquear a los aldeanos. —Entonces hizo una pausa—. Pero ¿cómo atraemos a los monstruos? ¿Cómo podemos asegurarnos de que aparecerán?

Rob sonrió.

—Podemos difundir una conversación de un chat falso que diga que la aldea ha recibido un gran cargamento de gemas. El doctor Dirt no se podrá resistir.

Jools asintió.

—Mientras sucede todo eso, nosotros entraremos por detrás y protegeremos el fuerte hasta el amanecer.

Turner comprendió el final del plan.

—Todos los monstruos atrapados en la fosa arderán por el sol.

Kim juntó las manos.

—Y así conseguiremos los suministros que necesitamos, ¡sin que nadie nos pare entre la aldea y mi rancho!

Rob deseó que hubiera buenas noticias al llegar allí. Volver al rancho les permitiría atender a sus caballos, cuyas pezuñas necesitaban desesperadamente unas nuevas herraduras después de su paso por el Inframundo. «A veces hay que retroceder para poder avanzar», pensó.

El Coronel M. le leyó la mente.

—Veo que lo entiendes, capitán —dijo con un leve brillo en sus enormes ojos—. Un buen estratega no puede pensar en una sola dirección.

—Entendido, entendido —dijo Jools.

Turner refunfuñó de nuevo.

—Yo creo que Piernas se va a enterar de lo que estamos haciendo. Y el que siembra vientos, recoge tempestades.

CAPÍTULO 15

La caña de azúcar de Frida había ardido y Kim se había quedado sin zanahorias y heno para los caballos. Antes de abandonar el campamento, Rob envió a las dos chicas hacia el norte y el este para recoger hierba y manzanas para sus reservas. Turner y Stormie fueron enviados a trabajar en la vieja mina para recoger hierro, oro y gemas con las que comerciar en la aldea y poder trabajar en sus armaduras después de pasar por el rancho. También guardaron en su inventario las viejas vagonetas de la mina.

El Coronel M. se ofreció muy amablemente a compartir su despensa de ingredientes para elaborar pociones. Él y Jools se juntaron para preparar las pociones básicas que necesitarían para proteger la aldea. Terminadas sus tareas, el Batallón Cero se despidió del refugio en la Mesa y se dirigió a la frontera de las llanuras.

Mientras viajaban con la cabeza del Coronel flotando a su lado, le pusieron al corriente de las batallas que habían librado.

—¿Hiciste tu entrada bombardeando a Lady Craven? —le dijo el Coronel M. a Stormie claramente impresionado—. Un genio con artillería está detrás de muchos grandes triunfos.

—Pero perdimos el cañón de dinamita en la batalla de los llanos —confesó Stormie con remordimiento.

—No quise irme así... —dijo Turner, intentando proteger su reputación.

—Qué curioso —mencionó Jools—. Recuerdo a *Duff* retirándose a la cabeza con una flecha de esqueleto clavada en el trasero.

—El caballo también actúa por su cuenta —saltó Turner.

—Al menos sigue siendo un caballo de verdad —dijo Kim con ojos vidriosos, pensando en su manada convertida en zombis.

Rob describió su huida de las huestes del doctor Dirt montadas en caballos zombis y sus temores de que había transformado todos los animales que Kim había pasado años cuidando en el rancho.

La gigantesca boca del coronel se torció formando un gesto de disgusto.

—Qué tácticas tan despreciables —recalcó, gravemente afectado por la pérdida de tantos buenos caballos—. Ese griefer hace justicia a su mala fama. Lo enviaremos de vuelta al mismo infierno del que ha salido.

Esta muestra de solidaridad animó a Rob. Después de llevar tantos días sintiéndose solo y afectado, parecía que la esperanza había regresado a su mente y su cuerpo. «Las guerras no se ganan solo con fuerza bruta», pensó, aunque tenía que admitir que tener a Turner de vuelta sería de mucha ayuda... si es que podían confiar en el mercenario.

Discutieron los planes a corto plazo. Suponiendo que

su estrategia del foso funcionaría para recortar las filas del doctor Dirt, podrían realizar una escapada segura hasta el rancho. Una breve pausa allí los prepararía para avanzar hasta las colinas extremas... y quizá acabar con el dominio de Dirt en ese lugar y en los seis biomas colindantes.

—Un objetivo clave como ningún otro —aceptó el Coronel M.—. Pero esas colinas... —dijo con un escalofrío que le hizo chocar contra (y atravesar a) *Ocelot*, que siguió trotando como si no hubiera ocurrido nada.

—¡Parece que es a prueba de fantasmas! —dijo Frida, orgullosa.

—¿Qué ocurre con las colinas, Coronel? —insistió Rob.

El hombre transparente no dijo nada durante un momento.

—No hay que tratar esas colinas a la ligera —respondió al fin—. Son traicioneras. Ofrecen poca protección pero muchos lugares para emboscar. Son... —Dudó un instante—. Son el lugar donde perdí.

Rob se sintió como arrollado por una avalancha.

—¿Las colinas extremas? ¿Es ahí donde tuvo lugar la batalla final de la Primera Guerra?

Turner lo miró sorprendido.

—Pensaba que lo sabrías.

Rob miró a Frida. Ella no comentó nada cuando hablaron de atacar un punto clave y de cómo ese lugar lo ayudaría a volver a casa.

Frida agachó la cabeza. No tenía sentido hablar de aquella siniestra verdad cuando se conocieron. Rob necesitaba algo a lo que aferrarse, no la posibilidad de que jamás encontraría una forma de volver a su mundo.

Las implicaciones de la noticia golpearon duro al antiguo vaquero.

Buscó ayuda en su mentor.

—¿Está diciendo que ese sitio es impenetrable?

El Coronel escogió sus palabras con cuidado.

—No dijo que sea imposible realizar un ataque. Todo depende de lo que realmente esperen conseguir.

¿Podrían derrotar al ejército del doctor Dirt? ¿Se convertirían las colinas extremas en el principio del fin para la conquista mundial del maligno griefer... o para el Batallón Cero? Y lo más importante, ¿lograría descubrir allí una forma de volver a su antigua vida?

Solo había una forma de averiguarlo.

Los aldeanos se prepararon como Kim y Turner les habían pedido. Aswan los saludó con entusiasmo desde el puente levadizo que habían construido para conectar el montículo. Los jinetes vieron su limpio delantal blanco desde la distancia. Con la ilusión óptica que ofrecía el camuflaje, parecía que alguien estaba ondeando una bandera blanca.

—¡Kim, cielo! —llamó Aswan al acercarse—. Tus deseos son órdenes.

Ella ignoró sus piropos como de costumbre, pero expresó alegría al verlo de nuevo. Cruzaron el puente, que Aswan levantó detrás de ellos, y entraron en el pueblo.

—¡Pero qué corcel llevas! —observó—. ¡Hace juego con tu belleza!

Frida y Stormie se miraron la una a la otra.

—Ustedes tampoco están nada mal, ¿eh? —añadió Aswan.

Turner se paró en la herrería.

—Espero que Sundra ya esté por aquí. Pueden seguir si quieren, yo los alcanzo luego.

Rob negó con la cabeza.

—Lo siento, sargento. El batallón te necesita primero para una misión urgente.

—De todas formas, tu querida Sundra no está ahí —le informó Aswan mientras Turner ponía mala cara—. Está en la parte frontal, supervisando la excavación. Ha dicho que eran sus palas y que no les iba a quitar el ojo de encima.

Turner sonrió.

—Esa es mi chica. Le encantan sus herramientas.

—Ahora está plantando una fila de girasoles alrededor del muro —continuó Aswan—. Así, si los centinelas de Dirt nos ven cavar el foso, pensarán que estamos con la jardinería.

Kim murmuró una felicitación.

Aswan dejó escapar una sonrisa de oreja a oreja, mostrando media docena de dientes de oro.

—Fue idea mía —dijo, y los condujo hasta su tienda y al refugio al fondo.

—Gracias por tu hospitalidad —dijo Rob—. ¿Podemos pedirte que te conectes a la red de la zona local? Tenemos que enviar un mensaje.

—Encantado de ayudar —dijo el comerciante con reverencia e hizo lo que le pedían.

Rob sentó a Turner ante la computadora y le dictó lo que tenía que escribir. El sargento cumplió usando dos dedos a toda velocidad.

—¿Puedo irme ya? —dijo levantándose.

Jools le forzó a sentarse de nuevo.

—Ahora hay que esperar —dijo—, para ver si se tragan el anzuelo.

No pasó mucho hasta recibir una respuesta a través del servidor:

<piernas399> ya sts bendiendo a tus amigos?

—¡Es Piernas! —susurró Turner, como si el griefer lo pudiera oír a través del chat.

—Síguele la corriente —ordenó Rob, y el grupo se reunió alrededor para mirar la pantalla.

Turner siguió escribiendo.

<matoXpasta> tienes alguna idea mejor?
<piernas399> travaja pa nosotros

—Este idiota no sabe escribir —murmuró Turner, escribiendo de nuevo.

<matoXpasta> y ke gano yo?
<piernas399> = parte del votin

Todos esperaron a ver qué hacía Turner.

<matoXpasta> trato hecho

Turner hizo una mueca y movió la mano para indicar que estaba mintiendo.

<piernas399> nos bemos n la puerta, noche
<matoXpasta> ok

El servidor indicó que Piernas había abandonado la conversación.

—¿Puedo irme YA? —le rogó al capitán.

Rob no estaba seguro de querer al mercenario sin supervisión, pero los descansos eran importantes para conservar la moral.

—Sesenta minutos —le dijo—. Ni uno más. Escuchen, nos veremos aquí dentro de una hora. Tenemos que fabricar suministros.

Cuando todos se fueron, Rob se quedó con el Coronel M.

—Has manejado bien la situación —alabó el veterano a su pupilo.

Rob apretó los puños con preocupación.

—No sé si podemos confiar en él.

—Uno nunca puede estar seguro de nada. —Entonces bajó la voz—. Te contaré un secreto, capitán: no tengo ni idea de estrategia.

Rob se olvidó de sus nervios.

—Y tampoco es que sepa mucho más sobre caballos —siguió el coronel, y entonces miró a Rob a los ojos—. De lo que sí entiendo es de personas —frunció su enorme ceño—. Cuando empieces a comprender la naturaleza humana, no te hará falta nada más para ganar una guerra.

—¿Quiere decir que la motivación es más importante que la preparación?

—Puedes entrenar todo lo que quieras —dijo el coronel—, pero en el fragor de la batalla, la lealtad de tus hombres es diez veces más poderosa que tu habilidad o las armas.

—Sin embargo, no puedo obligar a Turner a cumplir órdenes.

—Ese no es tu trabajo. Tienes que hacer que él quiera seguir esas órdenes.

Rob pensó en ese consejo mientras esperaba a que volvieran las tropas.

La expectación y el estrés aumentaron como el mercurio en un termómetro según bajaba el sol. Rob empezaba a acostumbrarse al ciclo día-noche que aumentaba de forma inevitable la necesidad de estrategias ofensivas o defensivas cuando disminuía su energía. Quizá fuera esa obstinada disposición lo que hacía parecer siempre tan capaces a Frida, Stormie y Turner, pensó. Era como si pudieran despertarse de una siesta, acabar con un dragón y volver a echarse una cabezada.

Las chicas fueron las primeras en volver con comida de la carreta del granjero y de la carnicería. Jools llegó con más pólvora y preparó un caldero y un puesto de creación de pociones. Rob y el Coronel M. le ayudaron a convertir las pociones base en cantidades ingentes de pociones arrojadizas de resistencia al fuego, que pretendían usar sobre los edificios para evitar otro gran incendio. Todos miraron sus relojes al ver que habían pasado los sesenta minutos y Turner aún no había aparecido.

«No debí haber dejado que se fuera», se reprendió Rob. La línea entre la motivación y la manipulación era muy fina. Y para complicar las cosas, los miembros del batallón le habían entregado a su sargento las gemas y los minerales que habían conseguido para cambiarlos por nuevas armaduras. «Otro error más.»

Dos minutos después de la hora acordada, Turner entró silbando.

—¡Llegas tarde, sargento! —señaló Rob, aunque en secreto, se sintió aliviado.

—Tú dame las gracias. Igual que Sundra —respondió con una sonrisa maliciosa, lanzándole un nuevo casco y un nuevo peto que sacó del inventario. A los demás les entregó también nuevo equipamiento, asegurándose de que Kim recibía el conjunto de color rosa.

—No queda mucho tiempo —dijo Rob, sacando los palos que todavía conservaba y las plumas que Turner le había comprado al flechero—. Necesitamos algunas flechas para atacar a los griefers en caso de que no caigan al foso.

El Batallón Cero empleó el poco tiempo que le quedaba para rellenar sus barras de hambre, probar sus nuevas armaduras y fabricar arcos y munición. Aswan se sentó en una esquina con los caballos, observando cómo Kim les colocaba la coraza. Tenían que estar listos para salir en cuanto surgiera la oportunidad.

—¿Te tienes que ir tan pronto, ángel mío? —le preguntó Aswan.

—Tengo que ver cómo está mi rancho, o lo que quede de él —respondió la pequeña joven rosa, sintiendo una punzada de ansiedad mezclada con algo de miedo.

Aswan comprendió que las garras del doctor Dirt eran muy largas y que sin la ayuda del batallón, terminarían abarcando todo el mundo. De hecho, el destino mismo de la aldea se podría decidir en las siguientes horas.

—Esperaré lo que haga falta, caramelito —dijo con un suspiro.

Esta vez, Rob prestó mucha atención a la forma en que Turner fabricaba las flechas. Se dio cuenta de que quizá no era buena idea confiar al mercenario grandes cantidades de flechas, pero entonces recordó la sugerencia del

Coronel M. y prometió trabajar más duro para convencer a su abeja obrera.

Con los inventarios llenos y los caballos disfrutando de su cena, las tropas volvieron al exterior para esperar la llegada de la noche. El sol parecía arder más brillante justo antes de desaparecer en el horizonte. Mientras el orbe anaranjado caía, Stormie se acercó a Rob.

—Quería... darte las gracias —le dijo, en un tono tan íntimo que el oyente dio un paso atrás.

—De nada. Pero ¿por qué? —dijo tragando saliva.

—Por quedarte con nosotros. No tenías absolutamente ninguna razón para hacerlo —le comentó mirándolo a la cara como intentando memorizarla, igual que un mapa—. Sé que esta no es tu lucha.

Su mayor deseo era abandonar aquel mundo, y ella lo sabía. Pero de pronto, una gran verdad le golpeó en el cerebro.

—Quizá no importe de qué mundo vengo —dijo Rob—. Soy humano, igual que tú. Tu mundo es mi mundo.

—Al menos, de momento —respondió.

Un gran deseo llenó a Rob: deseo de volver a casa, deseo de respuestas, deseo de aquella mujer fuerte. Vaciló entre la necesidad de ser comandante y la de ser él mismo, para variar. Su imposición le puso tenso como el hilo del que pendía. Pero todavía quedaba un poco de su verdadero ser.

—Quizá algún día, Stormie... —logró balbucear.

Ella contuvo la respiración.

—Algún día... ¿qué?

Él se irguió, dando más que nunca la imagen de gran oficial con su armadura nueva.

—Quizá algún día termine esta guerra y descubramos quiénes somos en realidad.

Ella se apartó, suspirando.

—Quizá.

Oyeron gritos a lo lejos y el avance implacable de los zombis. Rob le hizo a Stormie un gesto de ánimo.

—Nos vemos al otro lado, artillera.

—Estupendo —dijo con un saludo marcial.

El tiempo no perdonaba, o eso parecía siempre que llegaba el ocaso. Esta vez, Rob estaba preparado. Habían cavado la zanja, el gólem de hierro estaba en su sitio y los aldeanos esperaban escondidos tras el parapeto, aguardando la señal para lanzar las pociones arrojadizas.

En cuanto la luz cayó a un nivel aceptable, las legiones del doctor Dirt se adentraron en campo abierto.

—¡Llegó el momento, soldados! —animó Frida a sus compañeros.

—¡Todos para uno! —gritó Kim.

—Todos para uno —repitió Stormie. Miró a Turner y dijo entre dientes—: ¿Verdad, Musculitos?

Él pareció dolido por la duda.

—Por supuesto —dijo, justo cuando la estridente voz del doctor Dirt resonó en los llanos.

—¡Habitantes... de... la... aldea!

—Sí, sí, ya lo sabemos —dijo Jools, cansado de la actitud arrogante del griefer—. Entréguennos todas... sus cosas... o si no... bla bla bla. —Jools hizo un gesto con las manos indicando que detuviera su habitual perorata.

Pero Dirt continuó, exigiendo sus riquezas y amenazando con la aniquilación. Entonces dijo:

—¡Ese al que llaman... Turner! ¡Sal! Y no... te haremos... daño.

Los ojos de Rob se posaron en la espalda del mercenario.

Turner se levantó y se apoyó sobre lo alto del muro.

—¡Jamás! —gritó.

Esta vez fue Piernas quien apareció rodeando a las tropas de zombis que esperaban la orden de ataque.

—¡Traidor! —dijo dando pisotones con sus tres pies—. ¡Teníamos un trato!

—¿Qué tal si lo hablas con el gólem de hierro? —le respondió Turner.

En cuanto Piernas levantó el brazo para hacer avanzar a los zombis, los aldeanos salieron y empezaron a rociar sus casas y el portón con pociones de resistencia al fuego. Su efecto era solo temporal. Con suerte, durarían lo suficiente como para que el enemigo cayera en el foso.

Rob y sus tropas prepararon los arcos y las flechas. Observaron a sus atacantes desde el muro, protegiendo la zona mientras la implacable fila de zombis avanzaba desvelando un escuadrón de esqueletos acorazados. Estos empezaron a disparar flechas de fuego al portón de madera y al gólem de hierro, que estaba encadenado para que no cayera al foso.

Se hizo un griterío atronador seguido de una oleada de gemidos y repiqueteos de huesos. Rob y el Coronel observaron a Piernas y a otros griefers esconderse detrás de sus tropas para colocar tres vagonetas que habían construido y que se dirigían a la aldea y hacia el sur.

—¡Quieren saquear la aldea! —gritó Rob.

Los esqueletos ya casi estaban a la distancia necesaria para acribillar el muro con sus flechas. A la orden de Piernas, los zombis se colocaron detrás de ellos. Justo entonces, cuando los esqueletos apuntaban con el arco, sus pies pisaron la cubierta de lana que escondía el foso. Al momento cayeron en picada, estampándose contra el fondo a cuatro capas de profundidad. Los trabajadores de Sundra habían excavado una gran zanja y no pararon hasta llegar a la irrompible piedra base.

Esto impidió escalar el foso a los esqueletos que todavía podían moverse. Nada hizo entender al cerebro muerto de los zombis que iban a caer, ni siquiera el pánico de Piernas, que les gritaba que pararan. De nuevo, un plan minucioso había engañado al ejército griefer hasta su perdición.

Fue entonces cuando el batallón vio por primera vez al doctor Dirt: un hombre fornido cuya imagen contradecía su aguda voz y que estaba subiendo a una de las vagonetas. Piernas agarró uno de los costados y empujó, iniciando una carrera a tres piernas. Cuando la vagoneta empezó a adquirir velocidad, saltó dentro y agitó el puño hacia los aldeanos y los miembros del Batallón Cero. Los esbirros de Dirt lo siguieron a toda prisa.

Sonó un enorme vitoreo en cuanto los aldeanos se dieron cuenta de que sus enemigos habían huido derrotados. El griterío se mezclaba con los gruñidos de los monstruos atrapados en la zanja.

—¡No abran el portón! —les recordó Kim—. No hasta que se haga de día.

Rob le pidió que reuniera a los aldeanos para poder hablarles. Se colocó sobre una maceta decorativa y gritó:

—Esta victoria solo enfadará al doctor Dirt y le dará más ganas de hacerles daño. Ahora que lo hemos irritado, queremos atacarle con todo lo que tenemos. —Algunos murmullos de preocupación surgieron entre la multitud—. Parece que ha huido a las colinas extremas. Si lo expulsamos de allí, este bioma y otros seis quedarán libres. —Rob dejó que la idea calara en ellos—. Pedimos voluntarios para actuar como refuerzo.

La muchedumbre, al igual que los demás miembros del batallón, reaccionó con sorpresa.

—A los que puedan y quieran hacerlo podemos proporcionarles armas y entrenamiento —prometió Rob, mirando hacia el Coronel y sonriendo—. ¿Quién está conmigo?

Por un momento, nadie dijo nada. Entonces surgió otro clamor y varios aldeanos se acercaron para ofrecerse como voluntarios. Jools y Kim se encargaron de alistarlos y de prepararlos para la partida al día siguiente. Se reunirían para entrenar en el rancho de Kim.

Frida y Stormie corrieron y abrazaron a Rob, una por cada lado.

—¡Muy buena, capitán!

—¡Es hora de reclutar!

Turner se quedó allí un poco molesto, viendo cómo el capitán se llevaba toda la atención femenina.

Rob las abrazó un poco a regañadientes y le dijo:

—¡Sargento! Voy a ascenderte. En adelante serás sargento primero y las tropas responderán ante ti.

Uno podría haber tumbado a Turner con un dedo de lo tieso que se quedó.

No tardó en recuperarse de la sorpresa.

—¡Sí, señor! —dijo, haciendo un saludo militar.

El Coronel M. vio el gesto y susurró a su pupilo:

—Te lo dije.

Rob sonrió. Por primera vez desde que cayó al océano, se sintió optimista de verdad.

CAPÍTULO 16

El Batallón Cero guio por las llanuras a los nuevos reclutas hasta el campo de entrenamiento. El sol estaba en su punto más alto cuando llegaron al racho de Kim al día siguiente. Rob recordó la pacífica escena que lo había llevado hasta allí: el establo limpio, los cómodos compartimentos para los caballos y la cuidada valla en un mar de pasto, adornado con preciosos girasoles. Todo seguía allí, esplendoroso, vibrante..., excepto por los gemidos de los caballos zombis que venían del establo.

Hacía tiempo que Kim había asumido lo peor, pero la idea de ver ahora a los monstruos cuadrúpedos le provocó un ataque de pánico, e hiperventilaba a través de sus labios entreabiertos. Temblaba tan fuerte en la silla que *Nightwind* se dirigió al establo al galope. Como no quería que se enfrentara sola a semejante espectáculo, Rob envió a *Saber* tras ella.

Sin embargo, los compartimentos no estaban ocupados por animales zombis. Los caballos de Kim estaban reunidos observando a los extraños que se acercaban. Las esperanzas de Kim y Rob aumentaron hasta que se dieron cuenta de que los pastos cercanos estaban vacíos... excepto por distintos montones de carne podrida y quemada. ¡Los caballos zombis que el doctor Dirt y compañía habían dejado al aire libre se habían desintegrado a la luz del sol!

Kim y Rob se apresuraron a dar la vuelta con *Nightwind* y *Saber* y se dirigieron al establo cerrado. Unos desagradables relinchos llenaron el ambiente junto con un hedor pestilente.

—¡Deja las monturas afuera! —le advirtió Kim—. Los caballos zombis destrozarán las paredes para atacarlos.

Ella y Rob entraron lo justo para ver el pelaje verdusco y los ojos descentrados de los equinos afectados. Kim se derrumbó en el suelo, destrozada, y Rob la levantó y la acompañó afuera, justo cuando el resto del batallón se acercó con el Coronel M. flotando detrás.

—Hay tantos... —dijo Kim con voz temblorosa.

—¿Cuántos exactamente? —preguntó el coronel.

Rob volvió y contó a los animales.

—Soldado Frida, ¿de cuántas manzanas disponemos?

Esta señaló a un saco lleno, dirigiéndole una mirada de desconcierto.

El Coronel apremió.

—¡Intendente! ¿Cuánto oro queda? —Habían excavado un poco en la mina abandonada y tenían bloques y lingotes en el inventario—. ¡Rápido, una mesa de trabajo! —exigió el fantasma. Le susurró algo a Jools, que rebuscó en su inventario de pociones mientras el Coronel se ponía manos a la obra.

Kim observó, y la esperanza empezó a sustituir al horror en sus ojos.

Al fin, el Coronel M. dijo:

—Vamos a probar. —Hizo una seña para que Kim, Jools y Rob lo siguieran adentro. Nadie quería acercarse a aquellos monstruos carnívoros, pero sabían que tenían que hacerlo.

—¡Intendente, tú primero!

Jools roció a las alteradas bestias con pociones arrojadizas de debilidad.

—¡Ahora las manzanas!

El coronel había usado los bloques y los lingotes para hacer manzanas de oro, algunas de ellas encantadas.

—Esto funcionó una vez con los aldeanos —explicó—. ¡Esperemos que aquí nos sirva también!

Lanzaron las manzanas de oro a través de los barrotes de hierro y los caballos se abalanzaron sobre ellas. Mientras el grupo miraba, los gruñidos se convirtieron en siseos, y los espasmos en temblores. Poco a poco, el color de su pelaje se fue normalizando y rejuveneciendo. Sus miradas perdidas se reanimaron. En unos minutos, los animales se habían convertido de nuevo en *Equus ferus caballus*: caballos reales y vivos.

Rob no había visto nunca a Kim tan eufórica. El color había vuelto a sus mejillas rosadas y la alegría a sus movimientos.

—¡*Starla*! ¡*Josie*! ¡*Señor Bailongo*! —todos relincharon al verla. Ella abrió una de las puertas y entró haciéndoles mimos—. *Josie, Josie*... Te he extrañado tanto...

Turner y Stormie se asomaron por la puerta del establo para ver la feliz escena. La alegría de Kim se contagió al resto del grupo, y Stormie terminó abrazando a Turner. Rob, Jools y Frida se reunieron con el Coronel para alabar su idea.

—¿Quién iba a decirlo? —comentó Frida—. Parece que tenía usted la receta adecuada para estos pobres caballitos.

Kim sacó a *Josie* del establo.

—Había usado manzanas de oro para favorecer la crianza, pero nunca para temas de alquimia. No tenía ni idea de que combinando una poción de debilidad y una manzana de oro se podía curar a un caballo zombi. Será un dato valioso para mis archivos.

El Coronel M. le sonrió.

—Un buen jefe de caballos nunca deja de aprender. —Entonces se giró hacia Rob—. Capitán, no dejes que esta soldado se te escape.

Rob prometió no dejarla ir, y Stormie miró a Kim con celos. Sin embargo, no tenía nada de qué preocuparse. Kim había sido una buena amiga desde el primer día y también le encantaban los caballos, pero siempre anteponía a los animales. «Quien caballos adora, adorador se queda», pensó Rob.

Durante los días siguientes, caballos y hombres fueron la principal preocupación del comandante. Confiando en el consejo que le dio el Coronel M., Rob se dio cuenta de que las armas y la munición solo eran herramientas secundarias. Primero tenía que averiguar la mejor forma de usar a sus oficiales para animar a los nuevos reclutas y establecer una estrategia para recuperar las fronteras de las colinas extremas.

Uno a uno, Rob llamó a los miembros de su batallón para conversar.

—Frida, gracias por venir —le señaló un asiento en su oficina improvisada que había construido a partir de un compartimento para caballos.

La guerrera de piel de oliva se sentó en el borde del bloque de madera.

—¿Qué pasa, novato?

—Me gustaría saber tu opinión sobre la mejor forma de explorar la zona de combate para iniciar el ataque.

Este nuevo Rob seguía siendo una sorpresa para Frida. Había pasado de ser el pobre ignorante al que encontró en la playa a ser un verdadero comandante. Su encuentro fue cosa del destino. Solo se arrepentía de no poder ayudarlo más en su misión de volver a casa... pero eso no parecía estar al alcance de su poder.

—Me alegro de que lo preguntes —dijo, dejando a un lado sus reflexiones—. Localizar a Dirt en las colinas extremas puede ser complicado. Como bien dijo el Coronel M. hay muchos lugares para que nos tiendan una emboscada y eso no ayuda en el espionaje. Creo que la única forma de hacerlo es infiltrarnos.

—Quieres decir... ¿infiltrarnos en sus filas?

Ella asintió.

«Qué valentía», pensó Rob. Por suerte, su confianza venía respaldada por su habilidad y no por la arrogancia.

—Sé que puedo contar contigo. Es una misión peligrosa, te ayudaré en lo que necesites. Ven a verme dentro de un día o dos.

Ella asintió de nuevo.

—Y, Frida. Gracias... por todo.

Le pidió que llamara a Turner, que se encontraba entrenando a las tropas.

La conversación de Rob con el sargento primero fue mucho menos emotiva. Turner estaba ebrio de arrogancia.

—Tengo que decir, capitán, que nunca había esperado mucho de ti. ¡Pero aquí estás, con el tipo que dirige a todas las tropas de la aldea! Tengo a esos soldados comiendo de mi mano. —Turner se dejó caer sobre el bloque de madera sin esperar a que el superior lo invitara a hacerlo.

—Siéntate, sargento primero —le dijo con sequedad—. Necesito un informe de armamento y de divisiones. ¿Has logrado separar a la compañía en tres escuadrones?

—Hecho y hecho, señor —respondió Turner, asombrosamente centrado en sus labores.

Rob se maravilló ante el hecho de que cuanto más le pides a cierta gente, más consiguen.

—Bien. Entonces empecemos a repartir las armas para ofrecer varios grados de protección a nuestro frente de caballería. Dales arcos a los que tengan mejor puntería. Los más altos y fuertes que lleven espadas. Los demás, que usen hachas.

—Dirt no sabe la que le espera —le aseguró Turner—. Llevamos dos tercios de la producción para tener dos armas de cada. Munición no tenemos mucha. Pero estamos trabajando en reunir minas de tierra además de todas las flechas que podamos fabricar —Turner frunció el ceño—. No consigo que las hagan bien, tengo que tirarlas y empezar de nuevo.

—Es difícil que lleguen a tu nivel. Pero esta vez no tenemos el lujo de permitirnos la perfección. Aumenta la producción, sargento primero —ordenó Rob.

—Afirmativo —contestó Turner.

Rob notó que cuando incluía al mercenario en los planes, dejaba la pereza de lado. «Gracias, Coronel M.», se dijo en silencio.

Sabiendo que Jools habría hecho su trabajo con el inventario de pociones, despachó a Turner y le pidió que llamara al intendente.

Mientras Jools aguardaba en la puerta, esperando a que lo llamaran, Rob recordó su primer enfrentamiento. Jools pensó en lo mismo.

—Perdona por aquel pez globo —dijo Jools con una sonrisa pícara, aceptando el asiento cuando Rob se lo ofreció.

—Pensaba que me moría —admitió Rob. El gran talento de Jools era proponer ideas novedosas en el momento oportuno, y Rob lo apreciaba mucho—. ¿Qué posibilidades hay de que alguien atrape un pez venenoso con la boca?

—Pero funcionó —dijo Jools, y los dos recordaron brevemente aquel día de pesca—. Me gustaría pescar un poco más antes de abandonar las llanuras —dijo Jools—. Nunca sabes lo que te puedes encontrar. ¿No es así como conociste a Turner?

Rob se rio.

—No, ese vino solo. En serio, Jools, te vamos a necesitar para realizar algunas simulaciones por computadora de diferentes situaciones en batalla, empezando por una en la que nos infiltramos en el campamento enemigo. Para cuando Frida se encuentre con los verdaderos griefers, ya será demasiado tarde para que respondan. O, al menos, espero que así sea.

Incluso Jools se sorprendió por la valiente propuesta de Frida.

—Es el tipo de mujer que me gusta —dijo—. De las que sé que puedo esconderme detrás.

Rob recordó los anteriores intentos del intendente por permanecer en la retaguardia.

—Esos días ya pasaron, compañero —dijo—. Ahora necesitamos toda la fuerza posible, y tú eres un buen jinete. ¿Te ves llevando un arma?

Jools dudó un poco y el sonrojo empezó a llenar su pálida cara.

—Está en contra de mi política habitual —dijo—, pero esta vez haré una excepción por el bien del batallón.

Rob lo miró escéptico.

—Tienes mi palabra —añadió Jools, para satisfacción del capitán.

Coincidieron en que las pociones no serían muy útiles en esta batalla, donde el peligroso terreno le daría la ventaja al doctor Dirt. Pero valdría la pena mejorar la agudeza visual de todos con la poción de visión nocturna.

—Me pongo a trabajar de inmediato, Rob. Señor —Jools no estaba acostumbrado a hablar con nadie cuyos poderes de percepción y deducción estuvieran a la par con los suyos—. ¿Y puedo añadir que estás haciendo un trabajo excelente?

—Lo mismo digo —le agasajó Rob, dándole un apretón de manos.

El resto de las tropas también ofrecieron su apoyo. Stormie aceptó preparar las vagonetas que sacaron de la Mesa para llenarlas de dinamita. Podían enviarlas por las vías de Dirt para detonar sus almacenes. Se ofreció como líder de la misión y para actuar en la vanguardia cuando llegaran a las colinas extremas, donde su mapa no sería suficiente para guiarse por el terreno. Kim irrumpió en su oficina como un torbellino rosado y se ofreció como voluntaria para dar el primer golpe cuando empezara la batalla.

—Jamás perdonaré a esos griefers lo que le hicieron a mi manada —dijo, más decidida de lo que Rob la había visto nunca—. Quiero hacerlos pagar por ello.

Uno habría dicho que sonaba más a Turner que a la

encantadora de caballos que se presentó ante Rob aquel día en el corral.

—El ejercicio bélico no te exime de tus deberes como jefa de caballos —le recordó.

—¡Puedo hacer ambas cosas, señor!

La aceptó agradecido entre las filas de la caballería y la ascendió a cabo. Actuaría como enlace entre la infantería de Turner y los oficiales montados.

—Vamos a contarles la buena noticia —dijo Rob.

Se acercaron al lugar donde se encontraban los escuadrones de Turner, que estaban practicando en uno de los campos bajo la atenta supervisión del Coronel M. Los aldeanos, que estaban acostumbrados a ir a su antojo, yendo cuando y a donde querían, tenían dificultades para marchar al unísono. Turner les gritaba para que actuaran como una unidad.

—¿Es que no lo entienden? Trabajar juntos es lo que los hace ser un equipo, y eso es más fuerte que cualquier enemigo solo —lo escuchó decir Rob—. Por eso los soldados de la caballería cargan en despliegue, no en fila. —Turner se dio cuenta de que el capitán se acercaba y agachó la cabeza—. Vamos, en formación. Uno, dos, uno, dos... —dijo sonrojado.

En pocos días, los preparativos estaban casi completos. Frida se vistió con una piel raída que Kim guardaba en su desván y que esperaban que engañara al contingente griefer. Partió para cumplir con su solitaria y peligrosa misión. No sabrían de ella hasta que les hiciera una señal desde las coordenadas más bajas de las colinas extremas. Rob no pudo evitar preguntarse si volvería a ver su verde rostro.

Antes de equiparse y viajar hacia el punto de encuentro, Rob tenía que consultar a uno más de sus *gamers* clave.

Después de cenar, dio un paseo por el prado donde *Saber*, *Beckett* y *Duff* estaban descansando. El vaquero abrió la cerca y se dirigió hacia el caballo negro que a tantos sitios le había llevado.

—Si esto fuera un mundo perfecto —le dijo a *Saber*—, no vendría a pedirte nada más. —Le rascó el hombro al caballo y recibió un pequeño relincho como respuesta—. Pero necesito que me lleves a una batalla más.

Hombre y animal se hicieron compañía en silencio hasta bien entrada la noche. Rob deseó que aquella tranquilidad no terminara nunca. Finalmente, volvió al establo y al saco que Kim le había dado para sustituir al que perdió en el Inframundo. Ya no volvería a acostarse nunca sin preguntar antes.

Se despertó al alba por los suaves empujones del Coronel M.

—¿Es hora de irnos? —preguntó adormilado.

—Para mí sí —dijo el sabio militar—. Tengo que retirarme a mi casa de verano mientras te ocupas de todo.

Rob se sentó. El sueño se le había ido de golpe y el recelo le atravesó por dentro. «¿Por qué se marcharía el Coronel justo cuando más lo necesitaban?»

—No les puedo servir de nada en una batalla física —explicó su mentor—. Ya les he transmitido lo poco que sé, y lo han aprendido bien. Ahora es momento de que lo pongan en práctica.

—Pero... ¿cómo contactaremos con usted para hacerle saber el resultado?

La cabeza desconcertada voló hacia la puerta del establo.

—Tengo mis contactos —dijo el Coronel M.—. Volveremos a vernos.

—Jamás lo olvidaré —prometió Rob. Quería explicarle que no era nada antes de conocerse, que solo era un simple vaquero y no un líder. Quería enumerar sus fallos e insistir en que no estaba capacitado para iniciar una revolución. Pero sabía que el Coronel querría que convirtiera todos esos puntos débiles en puntos fuertes y luego lanzarlos contra el enemigo con todas sus fuerzas.

Mientras Rob luchaba contra estos pensamientos, vio cómo la cabeza de su mentor se volvía más difusa y transparente, hasta que todo lo que pudo ver fue la red medio vacía de heno al otro lado del establo.

—¡Adelante! —gritó Rob al Batallón Cero y a sus refuerzos de infantería unas horas más tarde. Stormie lideró el grupo con *Armor*, como de costumbre, con *Ocelot* cabalgando detrás. Se hacía raro no ver a Frida montando en la vanguardia delante de Jools y *Beckett*, y más aún no escuchar las quejas de Turner. Rob había relegado al sargento primero y a su cabo a la parte trasera con los soldados a pie. Le hacía sentir mejor saber que Turner estaría guardando la retaguardia con Kim presente para vigilarlo.

Echó un último vistazo hacia atrás y se quedó encantado al ver las tropas de aldeanos marchando junto a él. Por supuesto, era imposible esconder el hecho de que pretendían atacar la base del doctor Dirt. Rob esperaba que infiltrar a Frida entre sus fuerzas se tradujera en información vital y en algunas trampas bien colocadas.

—Capitán Rob —dijo Jools al pasar uno junto al otro—, ¿qué opción de batalla has elegido? —El estratega le había expuesto las probabilidades de éxito para los tres casos que más posibilidades tenían de encontrarse.

—Nos adaptaremos al plan de Dirt y lo usaremos contra él —respondió Rob—. Siempre usa la misma estrategia, solo tenemos que anticiparnos.

Jools asintió.

—Detener a los esqueletos, acabar con los zombis y hacerlos volar en pedazos con dinamita cuando sea posible.

—Los griefers ya no tienen los caballos zombis de Kim —señaló Rob—, así que tenemos ventaja.

—Parece pan comido —dijo Jools.

Turner transmitió las órdenes a la infantería.

—El primer escuadrón atacará a los esqueletos con flechas de fuego. El segundo avanzará con las espadas seguido por el tercer escuadrón para acabar con los bebés zombis, los jinetes avícolas o cualquier griefer que huya. Fin del informe.

Rob se rezagó un poco para asegurarse de que entendían el plan de batalla.

—En caso de acontecimientos... imprevistos —anunció—, nos retiraremos. Recuerden que esta es nuestra lucha, ustedes no tienen por qué arriesgarse. Si todo sale mal..., pueden marcharse sin remordimientos.

Turner lo miró incrédulo.

—¿Huir? —le susurró a Rob—. ¿Esa es tu alternativa? Yo no haría eso.

—Piénsalo, sargento primero —dijo el capitán—. Eso los mantendrá vivos para intentarlo de nuevo.

Turner sabía que el doctor Dirt no estaría satisfecho hasta acabar con todos ellos, pero no quería ceñirse a ninguna estrategia que no terminara con más riquezas en sus bolsillos.

—Bueno, ¿qué sabré yo? —murmuró al ver que Rob no cambiaba de idea—. Solo soy un montón de musculitos.

CAPÍTULO 17

El batallón cabalgó hacia el sur y siguió las vías del doctor Dirt mientras rodeaban la aldea. Aquello hizo fácil seguir el camino hacia el campo de batalla. De nuevo, los oficiales del Batallón Cero iban a la cabeza.

—¡Colinas a la vista, capitán! —dijo Stormie desde su posición al frente montada en *Armor*.

Ante ellos se extendía un bioma como ninguno que Rob hubiera visto antes. El suelo parecía estar pintado de turquesa y las rocosas colinas se alzaban hacia el cielo como terrazas descomunales. Había variedad allá donde uno mirara. Al girar una esquina, vieron un abrupto acantilado frente a un profundo lago de aguas azules, y a la siguiente, una arboleda de robles que surgía por encima de una cresta prominente. Rob se dio cuenta con emoción de que la vista desde arriba estaría despejada hasta miles de kilómetros.

Apenas podía creer que estaba viendo aquel lugar de leyenda, las colinas extremas. Su añoranza por volver a casa lo golpeó fuerte como un huracán. Por lo que sabía de aquel mundo, si lograba localizar su punto de nacimiento, podría volver a su antiguo hogar. Ya casi podía oír al ganado y saborear la carne cocinada en una hoguera.

Las vías empezaron a subir en cuanto pasaron a pisar la falda de las montañas. *Saber* refunfuñó un poco al ver que se cansaba más en las cuestas, pero no aminoró el paso. Cuando llegaron al punto que Stormie había marcado en el mapa, la compañía se detuvo. Esperarían allí hasta el atardecer, momento en que Frida usaría un espejo para reflejar los rayos del sol y hacerles señas.

Rob se acercó a su sargento primero y a la cabo.

—Turner, designa a un segundo al mando para dirigir tus tropas. Necesitamos a todos los jinetes al frente.

—¡Yo me encargo! —gritó Kim.

—Calma, cabo —dijo Rob—. No nos exaltemos.

—Eso es cosa mía —añadió Turner.

La vanguardia se vistió con las armaduras y Kim preparó a los caballos, que pateaban el suelo al notar sus nervios. Jools y Stormie observaban las colinas en busca de destellos extraños.

De pronto, Stormie localizó algo que centelleaba. Señaló a una zona ensombrecida.

—¡Miren!

Jools sacó su computadora para traducir el código de las luces.

—Está dentro, ¡y a salvo! —Hizo una pausa para observar los reflejos—. Ha colocado cables trampa al oeste, justo por donde nos acercaremos. ¡Dirt nos verá llegar y sus tropas irán directo a la trampa! —Hizo otra pausa—. Apunta estas coordenadas del punto de encuentro, Stormie.

Las registró en su mapa y se preparó para llevar a la caballería hasta allí.

—Frida estará encantada de ver de nuevo a *Ocelot*.

Turner se ofreció a llevar el caballo por el escarpado

terreno para que Stormie pudiera concentrarse en seguir la dirección correcta. En cuanto el sol empezó a caer por detrás de las montañas, Jools fue pasando las pociones de visión nocturna.

—No se amontonen, hay para todos —dijo, repartiendo los brebajes entre los miembros de la caballería y la infantería, y también dándolos a beber a los caballos.

Mientras el caballo negro se movía inquieto, Rob notó que *Saber* tenía los pelos de punta.

—¡Monten todos! —gritó para evitar dudar del plan. No estaba seguro de cuál sería la orden para hacer avanzar a los soldados de pie, así que recuperó su viejo vocabulario—. Compañía..., ¡marchen!

Los aldeanos respondieron con un estruendoso grito de guerra que resonó por toda la zona. Su objetivo era hacer tanto ruido como fuera posible para asegurarse de que los griefers los veían llegar.

Turner se dejó llevar por la adrenalina y profirió un grito dirigido a su gran némesis.

—¡Aquí estamos, Piernas! ¡Prepárate! ¡Te arrancaré una pierna y otra y otra! —Apremió a *Duff* para que fuera al galope, con *Ocelot* cabalgando junto a ellos—. ¡Nadie domina el mundo sin permiso del sargento primero Turner! —Pasaron a Rob y Kim, que iban montados en *Saber* y *Nightwind*.

—¡Pido hacer el primer disparo! —le gritó Kim.

Él le lanzó una mirada llena de ternura.

—Lo siento, no te lo puedo dejar. ¡Batallón Cero, esto va por ti! —Hizo correr a *Duff* y *Ocelot*, pasando a Stormie y *Armor* y dirigiéndose hacia los cables trampa.

De las colinas llegó el familiar bullicio de los zombis, con el eco aumentando su clamor.

—¡Uuuuh... oooh!

El batallón vio a la masa verde cruzar la colina hacia las trampas. ¡Buuuuum! La primera mina explotó en cuanto Turner corrió para atacar. Rob no tuvo más opción que dirigirse hacia el norte, dejando a su sargento primero como cebo mientras apartaba a la infantería de las trampas. El resto de la caballería se reunió con él para encontrarse con Frida.

Los aldeanos gritaban tras ellos y los monstruos gruñían delante. Rob se inclinó sobre la silla de *Saber*, llenando sus oídos con el sonido de los cascos al galope y de la respiración del caballo mientras subían y subían. A medio camino, se dio cuenta de que faltaba algo.

—¡Jools! —llamó al intendente, que corría detrás con *Beckett*—. ¡Escucha! ¡No se oyen huesos!

Su característico repiqueteo estaba ausente. Los gruñidos de los monstruos se volvieron más fuertes, acompañados por el sonido metálico del hierro.

—¡Parece que han aumentado sus tropas de zombis! ¡Y llevan armadura!

No habían previsto aquello. Se dirigían a una turba contra la que sus arcos y flechas serían inútiles.

Aun así, los caballos continuaron subiendo, acercándose al escondite de Frida.

—¡Ya la veo! —gritó Stormie, justo cuando Turner, *Duff* y *Ocelot* aparecieron por la otra ruta.

Frida se había quitado el disfraz de griefer, pero no tuvo tiempo de equiparse con la cota de malla. Agarró las riendas de *Ocelot* cuando Turner se las pasó y subió a la silla de la forma que Kim le había enseñado en el rancho.

—¡Frida! —llamó Rob—. ¡Informa!

La cara verde de la soldado estaba empapada de sudor.

—Sus tropas de zombis son grandes y están bien armados. ¡Dirt lo ha llamado «Operación Juicio Final»! —Señaló una dirección—. Mis trampas no los detendrán mucho tiempo, capitán. —Entonces señaló hacia otra parte—. Pero ahí está el mirador que tanto buscabas.

Rob respiró hondo, controlando la zona. El combate cuerpo a cuerpo sería fatal en aquel lugar, donde las pendientes no ofrecían ninguna cobertura y había gran riesgo de caída. Quizá lograran tomar la colina, pero llegar hasta el mirador sería casi imposible.

Al poco tiempo llegaron los enemigos por la cuesta, con la inconfundible voz estridente del doctor Dirt resonando tras ellos.

—¡Batallón... Cerooooo...! ¡Ha... llegado... su horaaaaaa!

Una oleada de zombis arremetió contra el grupo.

—¡Batallón, al ataque! —gritó Rob, enviando a *Saber* a la carga.

Turner sacó su espada y empezó a aniquilar de forma salvaje a los no muertos. Debido a la armadura que llevaban, hubo que golpear una y otra vez para retrasarlos un poco siquiera, más aún para acabar con ellos. Stormie, Kim y Jools siguieron al sargento primero atacando hasta rebanar las extremidades suficientes para empezar a producir bajas. Pero para alarma de Rob, cada muerte provocaba la aparición del doble o el cuádruple de criaturas verdes, todas completamente equipadas y muy furiosas.

—¡Se están acercando! ¿Qué hacemos, capitán? —Turner bufaba después de cada espadazo, lanzando extremidades verdes por todas partes. Detrás de ellos cargaron los aldeanos, con sus vítores entremezclados con gritos cada vez que los golpeaban o caían sobre las rocas.

Lo más inteligente sería bajar hasta una zona más abierta donde pudieran despeñar a los zombis. Sin embargo, si hacían eso, jamás llegarían al mirador que Frida había localizado. Rob se sintió dividido. Una parte de él estaba comprometida con garantizar la seguridad y el éxito del batallón, pero la otra estaba obstinadamente decidida a encontrar su camino de vuelta a casa. Al final, supo lo que debía hacer...

—¡Batallón, hacia arriba! ¡Síganme! —Espoleó a *Saber* y empezó a galopar hacia el mirador.

Por suerte, la cuesta frenó el avance de los zombis y era demasiado empinada para los bebés zombis y los jinetes avícolas.

El tercer escuadrón de aldeanos usó sus hachas de piedra y de hierro para segar las cabezas de los jinetes como quien corta la mala hierba, mientras que la segunda unidad intentó frenar a los monstruos más grandes con sus espadas. Al mismo tiempo, el primer escuadrón y la guardia montada de Rob no pudo hacer más que escapar a terrenos más altos, pues sus flechas no podían penetrar las armaduras de los zombis.

—¡Esto no está saliendo como esperaba, capitán! —dijo Stormie entre dientes mientras *Armor* la llevaba colina arriba, dejando atrás el hedor de la carne pútrida.

—En la guerra no hay que dar nada por sentado —respondió Rob.

Un coro de gritos se alzó detrás de ellos cuando la tromba de criaturas aniquiló a un grupo de aldeanos, convirtiéndose algunos de ellos en zombis que se enfrentaron a su propio escuadrón.

Frida miró con desesperación por encima del hombro, haciendo que *Ocelot* frenara dudoso.

—¡Sigue! —gritó Jools—. ¡Es nuestra única oportunidad!

Esta vez fue una voz amplificada la que se dirigió a ellos desde arriba.

—¡Batallón... Cero! ¡Espero que... disfruten... de la vista! —dijo el doctor Dirt con una siniestra risotada.

Desde su posición más elevada, vieron cómo los aldeanos se hundían entre la masa de carne verde en descomposición.

—¡Capitán! —Turner llevó a *Duff* junto a *Saber*—. ¡Mis hombres están recibiendo una buena paliza!

—Y este terreno es inestable —añadió Kim—. ¡Los caballos podrían resbalar en cualquier momento!

Pero ya era demasiado tarde para alterar su dirección. La única forma de salir victoriosos, y de echar un buen vistazo al horizonte, era reunir todas sus fuerzas en la cima y luchar contra las filas de Dirt durante el descenso.

Rob ignoró a Turner y a Kim y siguió galopando. Su visión nocturna estaba a la par con la visión normal de los caballos en la penumbra. Él y *Saber* se movieron como uno solo, atravesando las cornisas de la colina como si las conocieran de siempre. Finalmente salieron a la zona por encima de la arboleda, en un claro despejado, donde respiraron hondo el aire limpio. Si Frida tenía razón, Rob podría ver todo lo que había a cuatro biomas de distancia hasta el mar.

Justo cuando paró a *Saber* para agarrar sus cosas, otro aciago sonido llamó su atención. Se acercaba un rítmico repiqueteo de huesos, que sonaba como cien hombres sacudiendo bolsas de piedras. «¿Ahora salen esqueletos?», pensó, comprendiendo que su anterior conjetura sobre el plan del doctor Dirt era equivocada.

Como si le hubieran dado la señal para salir, el malvado comandante griefer se mostró junto a sus tropas de no muertos y gritó a través del megáfono de redstone:

—¡Esto... tengo que verlo... con mis propios ojos!

—¡Rob! —Turner señaló con la cabeza en dirección al doctor.

—¡Voy! —gritó Rob, dirigiendo a *Saber*. Con su visión nocturna, clavó sus ojos en el doctor Dirt y el caballo comprendió de inmediato adónde quería que fuera. Pero cuatro zombis con armadura de diamante protegían al griefer.

Era el momento de combatir el fuego... con un fuego más caliente todavía. Confiando a *Saber* la tarea de continuar la carga, Rob buscó en su inventario hasta encontrar una de las manzanas de oro encantadas que el Coronel M. había hecho. Al sacar su espada, recibió un efecto invencible. ¡Cualquier cosa que tocaba moría al instante!

Él y *Saber* se enfrentaron al grupo de zombis acorazados, que se retorcieron gruñendo mientras perdían los brazos y pedazos de carne. Creyéndose a salvo, su comandante se quedó tranquilo detrás de ellos.

—¡Capitán! —gritó Dirt—. Nos... encontramos... de nue...

A la señal de Rob, *Saber* tomó impulso y dio un salto, volando por encima de los zombis y aterrizando tan cerca del doctor Dirt que los grandes ojos negros del griefer parecían bloques de obsidiana. Un tajo hacia abajo fue todo lo que hizo falta para partir al villano en dos.

Mientras las mitades del doctor Dirt se separaban, Rob repitió:

—Sí, nos encontramos de nuevo —hizo retroceder un poco a *Saber* para deleitarse con la visión del cadáver—. ¡Solo que esta vez estás muerto! —gritó.

Pero la euforia le duró poco. De la cima llegó una fila de esqueletos con armadura. Espoleó a *Saber* y se dirigió hacia la unidad montada, escuchando los reconocibles gritos de Piernas y otra voz áspera que no escuchaban desde hacía mucho tiempo.

—¡Batallón Cero! —dijo la voz atronadora—. ¡Sus patéticos esfuerzos me han hecho más fuerte!

Frida lanzó una mirada de terror hacia Turner. Kim y Jools intercambiaron miradas también.

—¿Quién es? —le preguntó Rob a Stormie.

—No puede ser... ¡Es ella! —dijo—. ¡Es Lady Craven!

La bruja griefer estaba escondida tras un muro de esqueletos, que movían sus cráneos con casco de manera horripilante.

—¡Les dije que no podía morir! —exclamó Lady Craven—. Recupero energía con cada uno de mis soldados que eliminan, y el doctor Dirt valía más que todo el resto juntos. Ahora no podrán impedir que domine el mundo.

—¡Entonces deberías enviarnos algo más que un puñado de zombis hechos polvo! —la provocó Turner.

—¡Esta es su colina! —gritó Lady Craven—. ¡Llevan armaduras de diamante encantadas, y los esqueletos acabarán con cualquiera que ose desafiar su soberanía!

—Creo que está faroleando —susurró Stormie.

—¡Yo también! —gritó Kim, cargando con *Nightwind* contra los esqueletos.

Stormie salió tras ella, sacando el arco y preparándose para ofrecer cobertura.

Justo entonces, tres tiradores esqueleto dispararon

tres flechas, que, contra todo pronóstico, impactaron en su objetivo. Ese objetivo era Stormie.

El trío de flechas se clavaron en la garganta de la aventurera, tirándola de encima de *Armor*. Cayó al suelo y rodó alejándose de *Nightwind*. Rob y Turner fueron los primeros en llegar a su lado, seguidos de cerca por Jools y Frida. Kim se giró justo a tiempo para ver a Rob desmontando de *Saber* de un salto y tomando a Stormie en sus brazos.

Frida y Turner sacaron sus arcos y aniquilaron a los esqueletos. La cara de Rob se quedó pálida al ver brotar la sangre del cuello de Stormie y cómo se marchitaba la luz en sus ojos.

—No... podemos ganar, capitán —murmuró Stormie—. Lo he... intentado.

—Stormie, aguanta —le pidió Rob—. ¡Jools! ¿No tienes algo...?

Pero la barra de salud de Stormie ya estaba bajo los niveles mínimos.

—Rob...

—¡Shh! ¡Guarda las fuerzas!

—...prométeme...

—Lo que quieras, Stormie.

Ella le apretó el brazo.

—Prométeme que... huirás. R...ríndete...

Él negó con fuerza con la cabeza.

—Tienes... que hacerlo —le imploró—. Vive para... luchar otro día —dijo atragantándose.

Rob siguió negándose.

Su amiga había fallecido.

—¡Ayúdanos, Jools! —Turner le lanzó su arco y bajó de *Duff*, pero era demasiado tarde.

El mercenario se acercó y le tomó el pulso a Stormie, sin resultados. Le quitó con cuidado las flechas que habían causado la herida mortal, dirigiéndole una mirada atónita al capitán.

—Estas... estas son mis flechas —dijo sosteniendo las elaboradas flechas que seguramente habían recogido los esqueletos arqueros.

De nuevo, la voz de Lady Craven retumbó en sus oídos como un cañón:

—¡Los tenemos rodeados, Batallón Cero! ¡Ríndanse!

—¡Tendría que haber sido yo! —dijo Kim a sus compañeros mientras lloraba.

—O yo —dijo Turner con resignación.

Rob estaba muerto por dentro. Fue su decisión la que había desembocado en aquel desastre. La que había acabado con la vida de Stormie.

Sus palabras le volvieron a la memoria. Los gruñidos amenazantes y el sonido de huesos acorralaron al pequeño batallón en un mar de hostilidad. Los inocentes aldeanos se enfrentaban a un peligro similar al pie de la colina. Todo habría sido en vano si Rob no aceptaba el consejo de Stormie.

Respiró hondo.

—¡Cabo! ¡Toca a retirada!

Kim se levantó para hacerlo, pero Turner la detuvo.

—Yo lo haré —dijo. Hizo tres llamadas largas y dos cortas, esperó un momento y repitió el aviso. Los aldeanos dejaron escapar un suspiro de alivio, y los oficiales los oyeron escapar de la ladera a toda velocidad.

—Pero... ¿adónde iremos? —preguntó Kim.

Rob no tenía respuesta. Miró a Jools, pero el intendente tampoco sabía qué hacer.

Frida no había sido una aventurera toda su vida por nada. Aunque la pérdida de su amiga la destrozó por dentro, sabía que si no hacían algo, seguirían a Stormie a la tumba, a El Vacío o a donde fuera que les aguardara el destino.

—¡Por aquí! —le dijo al grupo, señalando el camino a la cima.

Era demasiado peligroso pedir a los caballos que los llevaran hasta allí. Desmontaron y los guiaron; Frida agarró a *Armor*, que se había quedado sin jinete, mientras el sonido de los monstruos acechaba no muy lejos de donde se encontraban.

—Jamás conseguiremos acabar con ellos ahí arriba —discutió Turner—. ¡Será una carnicería!

—¿Por qué te crees que he elegido este mirador? —le respondió Frida—. Lo encontré mientras escondía un portal al Inframundo.

—¡Un portal al Inframundo! —exclamó Rob—. Yo no he ordenado eso.

—Era para un caso de necesidad —se defendió ella—. No podías saber que ocurriría esto, novato. Y si no lo hubiéramos necesitado, no te habrías enterado de que existía.

Llegaron a una sala de piedra con una puerta abierta.

—¡Ríndanse, Batallón Cero! —insistió Lady Craven mientras ella y su grotesca legión se acercaban.

—Usaremos el Inframundo para viajar a un bioma alejado —dijo Frida—. ¡Algún sitio donde no intenten encontrarnos! Es lo que habría hecho Stormie —añadió.

Kim y Jools asintieron. Rob supo que tenía razón.

—Jamás —dijo Turner, agarrando las riendas de *Duff*—. Yo no soy de los que se rinden. ¡Lucharé hasta la muerte!

Rob miró al mercenario y se dio cuenta de que solo tenía dos opciones: darle una orden o conseguir que quisiera obedecer una.

—He oído que se puede ganar mucho dinero en las llanuras heladas. Los forajidos tienen grandes tesoros que necesitan protección... o que alguien se los quite.

Jools entendió la estrategia del capitán.

—Y no creo que nos agarren.

La idea interesó a Turner, pero giró la cabeza hacia las líneas enemigas.

—Mi amigo Piernas tiene una cita con el destino —rugió.

Frida lo tomó del brazo.

—Ahora es un esbirro de Lady Craven, Musculitos. Y ella tiene todo el poder del doctor Dirt además del suyo propio.

Turner no pudo negar la evidencia.

Con voz suave, Rob dijo:

—No piensen que nos estamos retirando. Más bien nos estamos reagrupando. Conseguiremos algo de dinero, nos organizaremos de nuevo y volveremos por esos griefers.

Kim apretó los labios.

—No voy a rendirme.

—¡Ni yo tampoco! —dijo Rob, y Jools y Frida asintieron—. Viviremos para luchar otro día —dijo con voz quebrada. Bajó los ojos para mirar al suelo.

Por un momento, nadie dijo nada.

—Bueno... Viéndolo así... —habló Turner.

El estruendo de gritos, gruñidos y repiqueteos significaba que los zombis y sus protectores ya casi los habían alcanzado.

—¡Vamos! —apremió Frida, y entraron en la caseta de piedra que contenía el portal al Inframundo, guiando a los caballos hacia el interior.

En su desesperación, Rob sintió un rayo de esperanza. Mientras su corazón siguiera latiendo, aún tenía una oportunidad de volver a casa. Pero ahora las necesidades de la mayoría se imponían sobre su mayor deseo, el de volver a ver su rancho. Sabía que para llegar allí, tendría que liberar primero aquel mundo.